Regine Schneider
Fünfundfünfzig plus

SERIE PIPER

Zu diesem Buch

55 plus – na und? Bis vor wenigen Jahren galten Frauen jenseits der vierzig als das »unsichtbare Geschlecht«, aber die Realität belegt heute das Gegenteil. Geballte Präsenz und Power steckt in den Persönlichkeiten, die Wiederaufbau, Wirtschaftswunder, die wilden 68er und die Frauenbewegung erlebt haben. Zwanzig prominente Frauen berichten von den Chancen, die ihnen der dritte Lebensabschnitt bietet: die Professorin Gesine Schwan, Ex-Bundestagspräsidentin Rita Süssmuth, die Bischöfin Maria Jepsen, die Schauspielerinnen Christiane Hörbiger und Vera Tschechowa, Frankfurts Oberbürgermeisterin Petra Roth und viele mehr. Sie räumen mit Klischees über das Alter auf und dokumentieren mit ihren Erfahrungen, dass auch jenseits der fünfzig ein Neuanfang lohnt – im Beruf, in der Politik, aber auch im Privatleben. Zu gut fürs Altenteil, verfügen ältere Frauen nicht nur über Berufs- und Lebenserfahrung, sondern auch über das, was ein Leben wertvoll macht: Menschenkenntnis, Einfühlungsvermögen und Geduld.

*Regine Schneider*, geboren 1952, war lange als Redakteurin bei Tageszeitungen und Frauenzeitschriften tätig. Seit der Geburt ihrer Tochter lebt sie als freie Autorin und Journalistin in Hamburg. Sie hat zahlreiche Frauen- und Erziehungsratgeber veröffentlicht.

Regine Schneider

# Fünfundfünfzig plus

Die Kunst des Älterwerdens

Prominente Frauen erzählen

Mit 15 Fotos

Piper München Zürich

FSC

Dieses Taschenbuch wurde auf FSC-zertifiziertem Papier gedruckt.
FSC (Forest Stewardship Council) ist eine nichtstaatliche, gemeinnützige Organisation, die sich für eine ökologische und sozialverantwortliche Nutzung der Wälder unserer Erde einsetzt (vgl. Logo auf der Umschlagrückseite).

Ungekürzte Taschenbuchausgabe
Piper Verlag GmbH, München
Juni 2007

Umschlag/Bildredaktion: Büro Hamburg
Heike Dehning, Charlotte Wippermann,
Alke Bücking, Daniel Barthmann
Umschlagfotos: Ruth Kappus (Rosel Zech, oben)
und dpa Picture-Alliance/ZB (Heide Simonis, unten)
Autorenfoto: Klaus Rohrbach
Satz: Fuldaer Verlagsanstalt, Fulda
Papier: Munken Print von Arctic Paper Munkedals AB, Schweden
Druck und Bindung: Clausen & Bosse, Leck
Printed in Germany ISBN 978-3-492-24918-8

www.piper.de

## Inhaltsverzeichnis

# Vorwort
# Was uns jung hält

»Heute ist der erste Tag vom Rest meines Lebens«, sagt sich die Berliner Schauspielerin Ursela Monn jeden Morgen beim Blick in den Spiegel. Und sie fragt: »Ist es nicht herrlich, älter zu werden?« Prof. Gesine Schwan weiß: »Die Seele altert nicht, sie wird reicher.« Heide Simonis hat die Erfahrung gemacht: »Mit 30 fühlte ich mich alt. Mit 40 merkte ich, dass ich damit zu voreilig gewesen bin. Erst da entwickelte ich Selbstbewusstsein.« Die Schauspielerin Witta Pohl sieht es so: »Jeder Tag in meinem Leben ist eine Bereicherung für mich«, und die Frankfurter Oberbürgermeisterin Petra Roth ist überzeugt: »Ich freue mich aufs Älterwerden, weil ich weiß, diese Jahre werden ein Geschenk sein.« Die Schauspielerin Christiane Hörbiger meinte in unserem Interview ganz selbstverständlich: »Ich bemühe mich, gut auszusehen. Nicht, jung auszusehen.«

Fragt man heute Frauen um die 60, ob sie sich alt fühlen, antworten diese häufig verwundert: »Ich fühle mich überhaupt noch nicht alt!« Sie stehen mitten im Berufsleben, haben eine reiche Lebenserfahrung und ein Selbstwertgefühl, das Mut macht.

Und das weitere Fragen aufwirft: Älterwerden, wie ist das überhaupt? Ab wann fühlt man sich denn alt? Wieso halten sich 40-Jährige für alt, während 70-Jährige sich wieder jung fühlen? Wie wirkt der heutige Jugendwahn auf die Älteren? Ist Alter gleichbedeutend mit krank und gebrechlich? Oder kann man im Alter in voller Blüte stehen? Ist Alter ein ruhiger Fluss, der lang ersehnte ruhige Lebensabend? Oder müssen wir auch im Alter immer wieder neu lernen, uns Herausforderungen zu stellen? Wie fühlt man sich mit 60 oder 70? Kann man das Alter mögen?

Fragen, die man sich auch mit 30, 40 und 50 Jahren stellt. Meist ängstlich. Die ersten Falten versetzen Frauen häufig in Panik. Hilfe, jetzt sieht jeder, dass ich alt werde. Oft versuchen Frauen dann, durch alle möglichen Aktivitäten die Jahre zum Stillstand zu bringen. Es gibt Schauspielerinnen, die hören einfach irgendwann auf, ihren Geburtstag zu feiern. Das Alter ist in unserer Gesellschaft mit vielen negativen Attributen besetzt. Im Zuge des demografischen Wandels ist die Rede von »Überalterung«, »Seniorenschwemme«, »Planet der Alten« oder »Rentnerberg«. Wenig freundliche Bezeichnungen im Zusammenhang mit dem Älterwerden. Wird das doch gleichgesetzt mit »Belastung«. Die Jungen müssen die Alten finanzieren.

Aber wie sieht die Realität aus? Oder, wie kann sie aussehen? Ich habe prominente Frauen zwischen 55 und 78 befragt, wie sie ihren derzeitigen Lebensabschnitt empfinden. Welche Lebenserfahrungen sie gemacht haben. Was Gewinn, was Verlust für sie war. Welche Konsequenzen sie daraus gezogen haben. Dabei habe ich gezielt Frauen aufgesucht, die trotz ihres Alters mitten im Leben stehen. Die den Lebensabschnitt, den sie gerade durchlaufen, spannend und wundervoll finden.

Ich bin zu der Meinung gekommen, dass wir inzwischen viele wunderbare prominente weibliche Vorbilder haben. Die Lebensberichte in diesem Buch sind ermutigend, dem eigenen Alter nicht mit ängstlichen Augen entgegenzusehen, sich gar gegen das Älterwerden zu stemmen. In den vielen, manchmal schon philosophischen Gesprächen habe ich erfahren, dass das Älterwerden auch große Freude bereiten kann. Ich habe kluge, weise, reife und sehr offene Antworten erhalten und möchte allen Frauen an dieser Stelle herzlich für die bereichernden ehrlichen Berichte danken.

Max Frisch formuliert es so, worum es beim Älterwerden geht: »Die Zeit verwandelt uns nicht, sie entfaltet uns nur.« Und Hermann Hesse beschreibt in dem Gedicht »Stufen«, worauf es ankommt: »Wir sollen heiter Raum um Raum durchschreiten, / an keinem wie an einer Heimat hängen, / der Weltgeist will nicht fesseln uns und engen, / er will uns Stuf' um Stufe heben, weiten.«

Wir alle werden älter, ob wir wollen oder nicht. Das Alter verhindern kann keiner. Wir können es zwar eine Weile kaschieren. Die Schönheitsindustrie hilft uns dabei. Aber das kostet allzu häufig den Preis der Authentizität. Und müssen wir uns wirklich »das Fell über die Ohren ziehen lassen«, wie die frühere Schauspielerin und heutige Filmemacherin Vera Tschechowa es treffend ausdrückte?

Was das Älterwerden angeht, haben wir die Möglichkeit zu jammern und zu klagen, zu nörgeln und zu hadern, wie schrecklich das Alter sei. Wir haben aber auch die Möglichkeit, unseren Blick auf den Reichtum zu lenken, den das Alter zweifellos bereithält. Wir können neugierig und humorvoll weitergehen und uns bemühen, eine positive Einstellung zum Alter zu finden. Damit tun wir uns selbst den größten Gefallen, weil uns sonst die Schätze des Alters verborgen bleiben.

In diesem Buch ist oft die Rede von innerem Reichtum, innerer Schönheit. Auch von Loslassen und Abschiednehmen. Denn darum geht es beim Älterwerden ebenso. Die äußere Hülle ist vergänglich. Was wir im Alter finden, finden wir in uns selbst. Deshalb ist es von Vorteil, eine Haltung zu haben wie die interviewten Frauen in diesem Buch: dem Leben zugewandt, humorvoll und gelassen.

Alle interviewten Frauen empfinden ihr Alter als eine gute Lebensphase, manche sagen: »Es ist die beste.« Die Psychologin und Buchautorin Julia Onken hat sogar erfahren: »Erst nach den Wechseljahren habe ich angefangen zu leben.« Und es stimmt: Der Geist blüht oft erst richtig auf, wenn wir älter sind. Die positive Sicht auf ihr Alter strahlen die Frauen aus. Dadurch wirken sie jung, frisch und lebendig. Letztlich bedeutet Alter ja auch, endlich Verantwortung für sich und sein Leben zu übernehmen.

# Gute Gedanken pflegen

*Nach Wahrheit forschen, Schönheit lieben, Gutes wollen, das Beste tun – das ist die Bestimmung des Menschen.*

MOSES MENDELSSOHN

Foto: © Archie Kent

Ursela Monn, geboren 1950 in Berlin: »Der Sinn meines Lebens ist Lernen«

*Ursela Monn holt mich in einem großen silbergrauen BMW älteren Baujahres in Berlin vom Bahnhof Zoo ab. Sie trägt einen schwarzen langen Rock und eine knallrote Kapuzenjacke. Wir fahren »Zum Forsthaus«, ihrem Stammlokal im Grunewald, und schon im Auto entspinnt sich eine rege Diskussion darüber, wie heute mit dem Älterwerden umgegangen wird. »Mein Anliegen ist es«, sagt die Schauspielerin mit Nachdruck, »das Bild übers Älterwerden zu verändern. Mir gefallen diese Klischees nicht, in denen von Abbau oder Abstieg die Rede ist.« Dem Satz folgt ein engagierter Vortrag über das Wunderbare des Alters.*

*Ursela Monn ist das Gegenteil von angepasst. Eher eine Querdenkerin, die beispielsweise aus dem Ensemble des Thalia Theaters in Hamburg freiwillig ausschied, um keine »Schauspielbeamtin« zu werden. Ihren Durchbruch als Fernsehschauspielerin hatte sie als »Rieke« in der TV-Serie »Ein Mann will nach oben«. In »Zieh dich aus, Petronella«, einer Show im Theater Hamburg, sang sie Lieder von Friedrich Holländer, Kurt Tucholsky und Erich Kästner. In der RTL-Serie »Dr. Monika Lindt« spielte die Vielseitige eine Titelrolle.*

*Sie bekam u. a. die Goldene Kamera, den Goldenen Bambi, den Ernst-Lubitsch-Preis, den Deutschen Filmpreis und den Kunstpreis der Akademie der Künste.*

*In ihrer Vita lese ich, sie lebe nach dem Motto: »Leute, lebt voll und ganz – es ist zu schaffen.« Das strahlt sie auch aus. In einem Fragebogen der »Märkischen Allgemeinen« hat sie auf die Frage: »Wen würden Sie zu einer Tafelrunde nach Sanssouci einladen?«, geantwortet: »Richard Gere und den Dalai Lama.« Sie erzählt:*

Ist es nicht wunderbar, älter zu werden? Alles wird immer stimmiger. Der Rückzug, der angeblich im Alter stattfinden soll, ist für mich ein Klischee. Ich habe mich mit dem Bild des Alterns beschäftigt, habe Bücher darüber gelesen und bin auf einen ganz interessanten Gedanken gestoßen. Man sollte die Geburtstage abschaffen. Ich finde, dem Geburtsdatum wird zu viel Aufmerksamkeit zugemessen. Früher wurde der Namenstag gefeiert. Das finde ich besser, weil man nicht auf ein bestimmtes Alter, das durch Jahre gezählt wird, festgelegt ist und in eine Schublade gesteckt wird. In anderen Kulturen ist das bis heute so. In den arabischen oder afrikanischen Ländern trifft man immer wieder Leute, die gar nicht genau wissen, wie alt sie sind. Das ist doch herrlich.

Ich richte mich nach ganz anderen Dingen als den gezählten Jahren bei der Beurteilung von Menschen. Ich schaue jemanden an, sehe ihm in die Augen. Entweder er gefällt mir oder er gefällt mir nicht.

Im Yoga sagt man, das Alter erkennt man an der Beweglichkeit der Wirbelsäule. In der Medizin sagt man, die Neugier, Offenheit und Aufgeschlossenheit verrät das Alter.

Für mich gibt es noch ein Kriterium. Lernen bis zum letzten Tag. Der Mensch kommt auf die Welt, um zu lernen. Das ist für mich der Sinn des Lebens. So wird man, zumindest im Geist, nicht alt. Es macht mir Spaß, an mir zu arbeiten. Das ist das, was das Leben ausmacht.

Die Leute machen sich nur selber alt mit diesem Starren auf die Zahl. Meine Philosophie ist: Du bist, was du denkst. Der Gedanke, den du in die Welt gibst, ist Energie. Was du denkst, das ist. Wenn du denkst, ich bin alt, dann bist du alt. Und bei der Einteilung in Alter nach Jahren sagt einem schon die Umwelt, mit 70 bist du alt. Ich finde das schädlich. Das verdirbt den Menschen. Man braucht so viel positive Energie, um sich davor zu schützen.

Ich engagiere mich für die Hospizbewegung. Das ist kein angenehmes Thema. Ich mache die Außenarbeit, kümmere mich um finanzielle Dinge, sorge für Bekanntmachungen. Ich bin tätig als fröhlicher Vermittler für eine Angelegenheit, von der viele nichts wissen wollen. Es ist mir ein Anliegen, das Tabuthema Sterben in die Gesellschaft zu bringen. Ich würde sogar sagen, es aus der Schmuddelecke rauszuholen.

In der Hospitzbewegung bin ich auf diesen wahren Satz gestoßen: Du stirbst, wie du gelebt hast. Der Tod kann auch schön sein. Das durfte ich bei meiner Mutter erleben. Eine wunderbare Erfahrung. Ein wichtiger und spannender Lernprozess war für mich, dass ich loslassen musste. Zu sagen, es ist in Ordnung, dass du stirbst. Ich lasse dich gehen. Meine Mutter hat bereits mit 50 Jahren angefangen, mit uns über den Tod zu sprechen. Sie hat immer wieder gesagt, Kinder, wenn ich mal sterbe … Und wir haben immer geantwortet, aber du doch nicht …

Sie bestand darauf, das wird einmal so sein, und ich möchte, dass ihr das wisst. Sie ging so mit dem Thema um, dass es für uns zum Leben dazugehört hat. Und so ist es mit dem Tod. Er gehört zum Leben dazu. Als sie starb, wussten wir, wie sie beerdigt werden wollte und wie sie was geregelt haben wollte. Unsere Mutter ist mit 89 Jahren bewusst gestorben. Sie sagte, es ist Zeit zu gehen, war bis zum letzten Moment geistig vollkommen klar. Das war ein Gottesgeschenk. Sie war sehr gläubig. Das hat ihr natürlich auch geholfen. Meine Schwester steht dem buddhistischen Glauben nahe und hat ihr bis zum Ende buddhistische Gesänge vorgesungen. Das war einfach schön, entspannend und beruhigend. Großartig von meiner Schwester.

Wir verkennen so oft, dass uns viele Dinge im Leben als Aufgabe gegeben werden. Auch der Tod. Wenn mich jetzt einer fragen würde, haben Sie Angst vorm Tod, dann gäbe es nur eins, was ich sagen würde. Wenn ich wüsste, dass ich bald sterben muss, würde ich sagen, schade, ich hätte so gern noch so viel gemacht. Ich mache wahnsinnig viel und muss mich immer wieder bremsen. Gerade habe ich mich für einen Studiengang »Weiterbildungsmanagement« eingeschrieben. Dann mache ich eine Weiterbildung in Biografiearbeit. Pläne, was ich noch alles möchte, habe ich bestimmt, bis ich 70 oder 80 bin. Ich denke jeden Morgen, heute ist der erste Tag vom Rest meines Lebens. Was will ich damit anfangen? Und wenn man jeden Tag so beginnt, geht man einfach achtsamer mit sich um.

Ich schreibe mir solche Zitate mit knallrotem Lippenstift auf den Spiegel im Bad. Das inspiriert mich. Gute Sätze möchte ich festhalten, schreibe sie auf, um mich selber zu beflügeln.

Je älter ich werde, umso mehr öffnet sich. Es verengt sich nicht, sondern das Gegenteil ist der Fall. Ich werde immer freier. Weil ich einfach besser weiß, was ich will. Ich werde immer mehr ich selbst, fange an, authentisch zu werden.

Mit 20 dachte ich, als Frau heiratet man und bekommt Kinder. Darüber habe ich gar nicht groß nachgedacht. Ich habe einfach angefangen zu leben. Mit 30 Jahren fing meine Menschwerdung an.

Später habe ich Therapiegespräche gemacht. Daraus habe ich gelernt, meine Bedürfnisse kennen zu lernen und wahrzunehmen, sie obenan zu stellen. Als Frau ist man ja immer geneigt, nachzugeben und sich für andere einzusetzen statt für sich selbst. Wir müssen wieder lernen, Verantwortung für uns selbst zu übernehmen.

Ich bin eine Gerechtigkeitsfanatikerin, würde mich als Kämpfernatur bezeichnen. Deshalb setze ich mich für Terre des Femmes ein. Die frühere Emanzipationsbewegung habe ich nie gemocht. Dabei ging das Gute im Mannsein und Frausein verloren. Das war mir unsympathisch. Aber Terre des Femmes setzt sich für Frauenbelange in der Dritten Welt ein. Oder kümmert sich um geschlagene Frauen. Ich habe lange gebraucht, den Satz zu begreifen, alles fängt bei dir an. Das zu wissen, schafft eine ganz andere Haltung. Ich bin dadurch eine Riesenstrecke vorangekommen.

Seit ich das weiß, bemühe ich mich, meine Partnerschaft anders zu sehen. Ich fange bei mir an. Die Haltung, du musst mich glücklich machen, gefällt mir nicht. Diese Erwartung hat man aber allgemein in Partnerschaften. Die Forderung ist, wenn du dich nicht so und so verhältst, dann bist du schuld, dass ich unglücklich bin. Meine Maxime ist, ich bin verantwortlich dafür, wie es mir geht. Auch das ist ein Lernprozess, und ich bin froh, dass ich das kapiert habe. Als Mensch musst du dich selber fordern, musst dich mühen. Die Menschen tun das nicht, weil es unbequem ist. Und sie begreifen nicht, dass man unglücklich sein muss, um glücklich sein zu können.

Loslassen gilt auch für Partnerschaften. Man muss den Partner loslassen. Wenn ich bei mir anfange, mich selber verändere, meine Haltung verändere, dann verändert sich auch der Partner. Wenn man das spüren kann, ist das beglückend und wunderbar.

Wenn ich diese ganzen trostlosen Gemeinschaften sehe, dann wünschte ich, ich könnte diese Wahrheit weitergeben. Das ist nämlich das Gegenteil von Opferverhalten und gilt sogar, wenn der Partner mich verlässt. Auch das muss ich hinnehmen. Ich kann nur den eigenen Anteil herausfinden. Natürlich würde ich mich bemühen, dass mein Partner nicht geht. Wenn er dann trotzdem geht, muss ich es annehmen. Auch wenn ich in meiner Eitelkeit sehr verletzt bin.

Gemeinsam älter zu werden ist ein schöner Prozess. Das sehe ich als Gnade. Mein Mann und ich sind seit 16 Jahren zusammen. Wir gehen bewusst davon aus, dass wir gemeinsam älter werden. Wir möchten das beide.

Ich habe einen wunderbaren 23-jährigen Sohn, der unglaublich bewusst ist. Es ist unfassbar, was ich von dem gelernt habe. Kinder können so klug sein. In seiner Pubertät saß ich einmal am Küchentisch und fragte mich, wie soll ich das nur überstehen? Da erklärte er, ich bin doch ein Mutterkind, ich muss mich so heftig von dir ablösen. Und wie Recht er damit hatte. Kinder sind junge Wesen mit voll ausgebildeter Persönlichkeit.

Ich habe mein Kind als Baby immer bei mir getragen. Das hat meinem Sohn und mir so gut getan. In seinem wunderschönen Bettchen schrie er nur. Das hörte sofort auf, als ich ihn bei mir trug. Ich war erlöst, als mein Kinderarzt mir das riet.

Ich denke oft, es war mir beschieden, dass ich im richtigen Moment bestimmten Menschen über den Weg laufen durfte. Auch was meinen Beruf betrifft, gab es immer Menschen, denen ich genau im richtigen Moment über den Weg gelaufen bin. Als Kind war ich im

Ballett und habe in Stücken mitgetanzt. Da lernte ich einen Regisseur kennen, der fragte mich, hast du mal daran gedacht, Schauspielerin zu werden? Du hast so ein ausdrucksstarkes Gesicht. Dieser Gedanke war sowieso in mir. Und so wurde er noch mal bekräftigt. Der liebe Gott, die Vorsehung oder wie immer wir es nennen wollen, hat mir häufig im richtigen Moment den richtigen Menschen geschickt.

Was ich ganz früh wusste, ich bin ein Instinktmensch. Wenn ich traurig war oder es mir schlecht ging, habe ich das nie verdrängt. Unangenehme Gefühle habe ich nie weggedrückt. Ich wusste immer, ich muss da jetzt durch, um wieder hochzukommen. Nur wenn man Dinge durchlebt, schafft man wieder Platz, um anderes zu sehen und zu empfinden.

Mir ist oft passiert, dass mich plötzlich Trauer überfiel. Und wenn ich mich dann fragte, wieso bin ich denn jetzt traurig, gab es immer Ursachen. Ob das im Beruf oder im Privatleben war. Durch Nachdenken und mich den Empfindungen stellen bin ich darauf gekommen, was los war. Und dann war es gut. Dann konnte ich mit der Sache umgehen. Ich habe mein Gefühl wahrgenommen, habe es durchempfunden und dadurch war es dann irgendwann vorbei. Es gibt so viele Menschen, die tragen ungewisse Gefühle mit sich herum und nehmen sie nicht richtig wahr, lassen sie nicht an die Oberfläche kommen. Das macht auf Dauer krank.

Auch das, was mir wehgetan hat, war in Ordnung und notwendig. Ich bin immer wieder ein Stück weiter gekommen, habe auch den Schmerz gebraucht. Wir brauchen Schmerzen, um zu wissen, was Glück ist.

Ich kann gut mit mir allein sein. Weil da nichts passiert, was mich schrecken könnte. Ich bin sogar sehr gerne allein und fühle mich nicht einsam. Ich finde es notwendig, mit sich allein zu sein. Sich nicht immer zu verplanen. Ich habe mich schon immer in mir, in meiner Haut wohl gefühlt, habe mich immer als jemand empfunden, der alleine seinen Weg geht. Ich mache mein eigenes Ding. Und heute fühle ich mich überhaupt nicht mehr gebremst. Im Gegenteil, eher losgelassen. Ich habe noch mehr zu mir gefunden.

Ein Glück für mich ist, dass ich einen Beruf habe, der das Private nicht abtrennt. Ich bin die Schauspielerin, die ich bin, weil ich der Mensch bin, der ich bin. Themen in den Rollen erweitern mein Bewusstsein. Man kommt als Schauspieler mit Lebensthemen in Berührung, die einem, wenn man diesen Beruf nicht hat, vielleicht in anderer Form begegnen müssen.

Mitte der 90er Jahre spielte ich beispielsweise in dem Film »Stich ins Herz« eine Mörderin. Ich musste, um diese Rolle überzeugend spielen zu können, mich ganz in die Person hineinversetzen. Danach dachte ich, jeder hat es in sich, jemanden ermorden zu können. Bei jedem kann ein Moment eintreten, wo er sich aus der Hand gibt, aus einer entsetzlichen Verzweiflung oder Eifersucht heraus. Im Film hat die Frau ihre Nebenbuhlerin umgebracht. Seit der Rolle ist meine These, dass das jedem passieren kann. Ich konnte mich sehr gut in diesen Vorgang hineinversetzen.

Auf den Film wurde ich lange von Frauen angesprochen. Wir alle sehnen uns ja nach der großen Liebe. Und diese Frau hatte ihre große Liebe gefunden. Sie war nicht bereit, sie aufzugeben.

Im realen Leben muss man dann wohl sagen, dass man immerhin eine große Liebe hatte. Auch wenn man sie nur kurz genießen durfte, auch wenn es hart ist. Doch man hat sie gehabt, im Gegensatz zu vielen, die dieser großen Liebe nie begegnen. Die diese Erfüllung nie kennen lernen dürfen. Das ist nun mal so. Und da sind wir wieder bei uns selbst. Wir müssen zu uns selbst kommen und sehen, nichts ist für die Ewigkeit. Alles kommt und geht.

Wir sind heute so reglementiert, dass viele Menschen ganz bewegungslos geworden sind. Das ist doch kein Leben. Ich frage mich immer, wie schaffen die Leute das, nicht zu leben? Da fehlt die Eigenverantwortung. Ich bin für mich zuständig. Ich kann doch nicht hingehen und fordern, tun Sie mal was für mich.

Auch was unsere Gesundheit angeht, haben wir doch zum großen Teil selbst in der Hand, was aus uns wird. Wenn die Menschen weniger rauchen und trinken und sich genug bewegen würden, wäre das Budget für die Gesundheit mindestens halbiert.

Konkrete Pläne für die Zukunft habe ich nicht. Ich weiß ja nicht, welche Türen sich noch öffnen. Ich glaube an den Zen-Buddhismus des Jetzt. Ich bemühe mich ganz wissentlich darum, nur im Jetzt zu leben. Nicht in der Vergangenheit, nicht in der Zukunft. Insofern plane ich nicht wirklich. Vor allem möchte ich mich darum bemühen, meine Ungeduld zu bekämpfen. Manchmal gelingt es mir auch schon, zu leben, was Buddha gesagt hat. Wenn du isst, dann esse. Wenn du sprichst, dann spreche. Wenn du gehst, dann gehe. Wenn du sitzt, dann sitze. Das schaffe ich natürlich nicht immer. Das hat mit meiner großen Ungeduld zu tun, die mich immer angetrieben und vorangepeitscht hat. Ich habe immer gekämpft und sicher hätte ich diese Karriere nicht gemacht, wenn ich das nicht getan hätte. Man muss auch die positive Seite sehen.

Was meine Zukunft betrifft, mache ich mir gar keine Sorgen. Ich möchte mich ausdrücken. In was, ist mir egal. Alles fruchtet auf meiner inneren Kreativität. Ob ich vor der Kamera stehe, auf der Bühne, ob ich schreibe oder singe, alles kommt aus der gleichen Quelle.

Was meine existenzielle Absicherung angeht, gibt es natürlich ein Auf und Ab. Auch das ist wieder ein Lernprozess. Einer dieser vielen. Ich verlange mir ab, über Täler hinwegzukommen, ohne dass ich in Löcher falle. Auch ich habe diese eingetrichterten Ängste. Ich sage mir dann, lass los, es kommt wieder etwas. Wenn das eine nicht mehr geht, mache ich etwas anderes. Ich würde jeden Job machen, wenn es unbedingt sein muss. Und es ist sicher eine interessante Lernerfahrung, seinen Lebensstandard zurückschrauben zu müssen. Ich habe auch die Erfahrung gemacht, von nichts gelebt zu haben. Deshalb kann ich mich dumm und dämlich freuen, wenn ich mir Dinge leisten kann. Auch hier gilt wieder, wo es keinen Schatten gab, kann man auch das Licht nicht sehen.

## Humor entwickeln

*Humor ist überwundenes Leiden an der Welt.*

JEAN PAUL

Christiane Hörbiger, geb. 1938 in Wien: »Das Lachen über mich selbst habe ich immer gepflegt«

*Im Foyer des Hamburger Hotels »Atlantik« halte ich Ausschau nach der makellos eleganten Gräfin Christine von Guldenburg mit dem stets frisch vom Friseur geschnittenen feschen Kurzhaarschnitt, habe auch Dr. Julia Laubach, die perfekt gestylte Anwältin der gleichnamigen Fernsehserie, vor Augen. Frauen, so geschliffen, von solcher Grandezza, dass man sie sich kaum ungeschminkt und unfrisiert in Bademantel und Pantoffeln am Frühstückstisch vorstellen kann.*

*Mein Blick fällt auf blonde Wuschelhaare, die sich widerspenstig auf der Stirn türmen und von Zeit zu Zeit mit der Hand gebändigt werden müssen. Dann schaue ich in ein etwas blasses Gesicht. Kein Make-up, keine Wimperntusche, kein Lidschatten. Lediglich ein Hauch von hellem Lippenstift.*

*Und ich erkenne sie doch sofort. Ihren unverwechselbaren Gesichtsausdruck. Eine leicht ironisch hochgezogene Augenbraue, ein herzliches Lächeln, wache braune Augen. Christiane Hörbiger steht völlig unauffällig in Alltagsschick vor mir. Dunkle Hose, sportlicher Blazer, flache bequeme Schuhe. Keiner beachtet die Schauspielerin im Gewimmel vor der Hotelrezeption, die in fortgeschrittenen Jahren mit ihren Rollen immer mutiger, immer extremer wird. »Wir*

*Älteren müssen Mut haben. Mut zur Hässlichkeit. Mut zu Rollen, in denen wir nicht mit dem Kuss des Hauptdarstellers belohnt werden, wenn das Happy-End-Schild kommt«, sagt sie. »Das ist unsere Chance.« Sie hat es als Serienkillerin in dem Kinofilm »Die Gottesanbeterin« bewiesen.*

*In Dietls Politsatire »Schtonk« brach sie als Görings Nichte Freya von Hepp mit dem Tabu, dass Frauen ab einem bestimmten Alter sich nicht nackt zu zeigen haben, sexuelle Neutren sind. »Nur weil ich über 60 bin, bin ich ja keine Dame ohne Unterleib«, sagte sie selbstbewusst.*

*Eine Schönheit in reifen Jahren. Mit feiner und kluger Ausstrahlung. Ich bin überrascht von ihrer Natürlichkeit. Und ihrem Mut zur Blöße auch im Privaten. Der ein oder andere Blick streift sie verwirrt. »Kenne ich die?« Ein Tourist entdeckt sie schließlich doch, als wir uns an einen Bistrotisch in die Bar gesetzt haben, und gafft sie schamlos und distanzlos an. Hängt mit seinen Augen aufdringlich an ihren Lippen. »Das geht gar nicht«, sagt sie irritiert und setzt sich schließlich mit dem Rücken zu ihm. Er glotzt weiter, aber nun ist er ihrem Blickfeld entzogen.*

*Ohne Umschweife sind wir ins Thema vertieft. Die Schauspielerin ist geradeheraus, kommt sofort auf den Punkt. Kein Geschwafel oder Drumherumgerede. Die Tochter von Attila Hörbiger und Paula Wessely-Hörbiger, die eine Lehre als Zuckerbäckerin machen sollte, bevor sie eine Ausbildung zur Schauspielerin am Max-Reinhard-Seminar in Wien absolvierte, blättert in meinem Buchexposé und sagt schmunzelnd: »Gell, Sie wollen bestimmt auch, dass ich Ihnen widerspreche!« Sie erzählt:*

Natürlich weiß ich, dass auch mein Leben endlich ist. Wenn ich mit meiner Schwester Maresa telefoniere und sage: »Du, ich habe die Wahl. Ein Grab auf dem Zentralfriedhof in Wien, oder ich könnte mich neben meinen verstorbenen Mann legen, dann hätte unser Sohn nicht so weit zu gehen. Bei unseren Eltern wäre noch ein Plätzchen und auch der Gerhard Tötschinger hat ein wunderschönes Grab«, dann sagt Maresa: »Siehst du, du bist eben überall gerne gesehen.« Es ist so befreiend, wenn man auch darüber lachen kann. Es tut gut, wenn man die Dinge mit Humor sieht. Und es ist typisch für den Wiener, der sich ja gerne in den schwarzen Humor flüchtet, auch wenn es um den Tod geht. Das Lachen über mich selbst habe ich immer gepflegt, in allen Lebenslagen.

Erst jetzt bin ich in einem Alter, wo ich die Endlichkeit des Lebens langsam kapiere. Man beginnt zu verstehen, wenn man Todesfälle bei Menschen erlebt, die man sehr geliebt hat, die einem sehr nahe standen. Wenn man in die Totengesichter sieht oder beim letzten Atemzug dabei ist. Und man ist angesichts des Todes froh, dass man zu den Überlebenden gehört. Da setzen Gedankengänge ein, die man eigentlich nicht wahrhaben will. Dass man froh ist, auf dieser Seite des Bettes zu sitzen. Noch den Atem zum Weinen zu haben.

Die Toten holen einen ja nicht ein, wenn sie gerade gestorben sind, wenn man, wie ich bei meinem Vater und bei meiner Mutter, den letzten Atemzug gehört hat. Der Moment holt einen in einem unverhofften Augenblick ein. Und man ist erschüttert über die Summe der Heimgegangenen.

Dann ist es wichtig, einen Lebenspartner zu haben, mit dem man darüber reden kann. Jemanden zu haben, der einem zuhört und der einem durch Zuhören oder Besprechen hilft. Reden ist so wichtig. Auch dass man den Partner trösten kann, wenn er über den Tod erschrocken ist. Dass man gemeinsame Erinnerungen hat, gemeinsam zurückschauen kann. Und dass der Partner sich an einen selber erinnert, wie man jung war.

Wenn ich mein Leben als Linie zeichnen würde, so steht die Kindheit für hell und sehr schön. Die Linie verläuft oben. Ich war eingehüllt in eine wunderbare Familie. Bis zur Pubertät war ich die Beste in der Klasse. Dann kam ein Schulleistungsabfall. Mit 16 machte ich die ersten Probeaufnahmen. Da ging meine Lebenslinie hoch hinauf. Ich habe mit Rudolph Prack getanzt und gespielt. Das war unglaublich schön.

Dann kam die Zeit zwischen 20 und 30. Eigentlich die schönsten Jahre. Doch ich war unzufrieden. Die Lebenslinie verlief nach unten in ein tiefes Tal. Es war eine traurige und unglückliche Zeit. Ich wusste überhaupt nicht, was ich machen sollte, habe mich treiben lassen. Ich suchte und wusste nicht, wonach. War unsicher. Die Jahre zwischen 20 und 30 waren bildlich gesehen ein dunkles Durcheinander. Die schlechteste Haut meines Lebens hatte ich in den Jahren.

In der Zeit habe ich Theater gespielt und Fernsehen gemacht. Ich habe mich aber nicht richtig auf meine Karriere konzentrieren können, war auch da unzufrieden. Ich musste einen Misserfolg einstecken. Nach meinem Debüt an der »Burg« schrieb der »Kurier«-Kritiker Paul Blaha: »Die unbegabte Tochter der Paula Wessely.« Es war die Zeit, als die schönen Schauspielerinnen wie Romy Schneider oder Marisa Mell ins Ausland gingen, nach Amerika oder Frankreich, und ich dachte, ich würde auch gerne nach Hollywood gehen. Ich schaute nach den anderen und dachte, ich möchte so sein wie die. Aber ich war nicht hübsch genug, war kein Backfischtyp meiner Zeit. Den Traum habe ich erst Jahre später verwirklichen können und einen Film in Amerika gedreht.

Mit 24 heiratete ich meinen ersten Mann, den Regisseur Wolfgang Glück. Wäre ich nicht so sehr in Konventionen gefangen gewesen, hätte ich gesagt, wir leben ohne Trauschein zusammen. Das hätte mit meinem Gefühl übereingestimmt. Aber damals hieß es noch, wenn man zusammenzieht, heiratet man. Es war gegen meine Überzeugung, doch die Zeiten waren so. Und ich wollte weiterhin geliebt sein von meiner Familie und von meinem Partner. Ich war als Kind berühmter Eltern dem öffentlichen Druck von Wien ausgesetzt. Die erste Ehe stellte sich als Fehlentscheidung heraus, und wir haben uns nach fünf Jahren wieder scheiden lassen.

Dennoch finde ich, dass man die Schuld für eigenes Unglück nie den anderen oder den äußeren Umständen geben sollte. Ich hätte mich ja wehren können. Doch damals konnte ich nicht einfach »nein« sagen. Das musste ich erst lernen. Mit einer Verzweiflung geradezu. Ich bin ein Mensch, der gerne Harmonie um sich hat, und ein »Nein« war äußerst schwierig für mich. Es ist mir bis heute nicht angenehm.

Mit 30 habe ich den Schriftsteller und Journalisten Dr. Rolf Bigler geheiratet. Das war 1967. Ich bin in die Schweiz gegangen und dort geblieben, weil mein zweiter Mann Schweizer war. Meine Lebenslinie stieg hinauf und es wurde wieder hell und schön. 1968 wurde mein Sohn Sascha geboren, kam später in der Schweiz in den Kindergarten und in die Schule. Es ging aufwärts. Bei den Salzburger Festspielen war ich die Buhlschaft im »Jedermann« und beides war wunderbar. Ich war lange am Züricher Schauspielhaus engagiert. Das war meine Familienphase. Ich habe mich untergeordnet, war ganz Ehefrau und das gern. Es war eine glückliche Ehe.

Mein zweiter Mann starb 1978, zwei Monate vor meinem 40. Geburtstag. Ein entsetzlicher Einschnitt, der mir den Boden unter den Füßen weggezogen hat. Ein Einbruch, wo ich dachte: »Es hat alles keinen Sinn mehr.« Ich hatte das Gefühl, er hat mich verlassen. Plötzlich war ich allein erziehende Mutter, gezwungen, mein Leben und die Verantwortung für mein Kind allein in die Hand zu nehmen. Bin mit meinem elfjährigen Buben unfreiwillig in die Emanzipation gerutscht. Rückblickend kann ich heute sagen, das war meine Lebenskrise. Ich hatte schreckliche Angst, entsetzliche Bilder vor Augen, dass mein Sohn und ich verhungern müssen. Es waren Ängste, ob ich es schaffe, dass mein Hirn wach und gut bleibt. Ich hatte textreiche Rollen und manchmal das Gefühl von Schizophrenie, wenn ein Teil der Gedanken hier, ein Teil woanders war. Manchmal hatte ich Bilder meines toten Mannes vor mir, wie er da im Sarg lag. Das war das Furchtbarste. Da war eine Kollegin, die mir einfach die Augen zuhielt: »Das darf man nicht denken.« Doch diese Bilder schoben sich zwischen meine Arbeit. Davor hatte ich Angst. Dass die Angst überhand nimmt. Dass ich nervlich nicht in der Lage sein werde, das alles zu schaffen.

Heim nach Österreich wollte ich nicht, um dem Buben sein Umfeld zu erhalten. Wo der Vater schon gegangen war, wollte ich alles andere Gewohnte beibehalten. Mit Hilfe von Babysittern und Aupairmädchen verschaffte ich mir den Freiraum, große Rollen spielen zu können. Obwohl es harte Zeiten waren, habe ich meinen Sohn nicht weggeschickt. Meinen Beruf habe ich nicht aufgegeben. Ich wollte, dass mein Leben weitergeht. Rückblickend muss ich sagen, das waren die klügsten Dinge, die ich getan habe. Es ist gut gegangen und es hat mich stärker gemacht. Ich bin daran gewachsen, habe meine Ängste in den Griff bekommen. Ängste sind ja auch gut, weil sie ein Motor sind. Damit umzugehen ist eine Trainingssache. Ich musste stark sein und ich war es.

Damals musste ich anfangen, mein Leben allein zu bewältigen, und es kam eine Phase, wo ich dachte: »Schau her. Es geht. Du schaffst es mit deinem Buben alleine. Du schaffst es, mit Regisseuren fertig zu werden, die dich nicht so führen wollen, wie du es möchtest.« Es kamen berufliche Erfolge und das hat mir geholfen. Heute weiß ich, man wächst am Unglück, wenn man es überlebt und stark genug ist, sich durchzubeißen.

Zu der Zeit ging ich aus meinem festen Theaterengagement in Zürich auf den freien Markt. Das war damals ungeheuerlich, weil man als 40-jährige Schauspielerin schon als alt galt. Geholfen hat mir meine Einstellung zum Beruf. Meine Stärke ist meine Disziplin. Alle Angebote, wenn sie halbwegs gut waren, habe ich angenommen. Und ich wollte so gut sein, dass der Vertrag verlängert wurde. Dass ich auch beim nächsten Regisseur wieder spielen kann. Ich wollte so gut sein, dass die Produzenten, die mich sahen, sagten, die nehmen wir. Auch das habe ich geschafft.

Bis dahin hatte ich nie Altersprobleme, aber an meinem 40. Geburtstag sagte ich zu Lilli Palmer, die mit meinem Mann befreundet gewesen war und kam, um mir ein Blümchen zu bringen: »Lilli, jetzt bin ich 40. Das ist doch schrecklich!« Lilli hat nie Theater um ihr Alter gemacht und war mein Vorbild. Sie sagte nur: »Du Frühlingshuhn!« Ein Ausdruck, der mir bis dahin fremd war, und ich musste lachen. Ich habe den Ausdruck übernommen. Heute, mit über 60, weiß ich, wie Recht sie hatte. Es ist lächerlich, mit 40 übers Alter zu lamentieren. Die ersten Fältchen sieht man nur mit 40. In meinem Alter sieht man die gar nicht mehr. Da kommt es auf ganz andere Dinge an. Alles kann vergehen. Die Schönheit, die Möglichkeit, einen zweiten oder dritten Mann zu bekommen, das sind die Dinge, die vergänglich sind. Heute sage ich, ich lasse mich doch nicht von ein paar Falten in Angstzustände versetzen. Einen Beruf zu haben, den man liebt, das ist wirklich wichtig. Der Beruf ist das, was einen immer begleitet, was bleibt. Es ist das Einzige, wo man sich auf sich selber verlassen kann. Selbstwertgefühl entsteht durch Leistung. Mein Beruf hat mich durch Krisen getragen.

Wenn ich jetzt zurückschaue, ging es dann wieder aufwärts. Es wurde heller und heller. Die Wechseljahre habe ich gar nicht kapiert. Ich habe die nicht realisiert und habe mir auch keine Gedanken darüber gemacht, weil ich sowieso nicht gegen etwas an kann, das einem von Natur gegeben ist. Außerdem war ich so eingespannt, dass ich gar keine Zeit hatte, mir deswegen Gedanken zu machen.

Heute sage ich, ab 50 wird's erst richtig schön. Das Alter bringt eine wunderbare Gelassenheit mit sich. Die Ängste werden kleiner. Man fürchtet sich nicht mehr, etwas Falsches zu tun oder zu sagen. Ich kann heute wunderbar mit mir allein sein. Mit 50 lernte ich auch meinen jetzigen Mann, den Schriftsteller und Regisseur Gerhard Tötschinger, kennen. Es ging weiter aufwärts. Bis zum 60. Geburtstag. Und ab da geht es eben weiter im oberen Bereich. Mein Leben ist seither mit Sonne beschienen. Mein Mann hat in meiner Biografie geschrieben: »Der liebe Gott hat älter werdenden Frauen das Lächeln gegeben.«

Meine Liste mit Wünschen, die ich mir in meinem Leben erfüllen wollte, habe ich abhaken können. Ich habe wirklich alles gehabt. Nichts ist offen geblieben. Ich habe auch alle Preise bekommen, die man nur bekommen kann. In Deutschland und in meinem Heimatland Österreich.

Mein letzter großer Wunsch war eine Wohnung in der Innenstadt von Wien. Immer wenn ich hier gedreht habe und mir diese herrlichen alten Häuser angesehen habe, hatte ich die Sehnsucht in mir, eine Wohnung in dieser schönen Stadt zu besitzen. Ich habe lange gezögert. Wenn man die Absicht hat, alt zu werden, sollte man immer noch Wünsche offen haben. Man muss nicht alles sofort haben. Es ist schön, wenn es immer noch Hecken gibt, hinter denen eine Freude steht.

Ich habe zwar das Gefühl, ich habe noch endlos Zeit. Aber inzwischen habe ich die Wohnung und sie ist wunderschön. Es ist ein Traum. Ich blicke auf den Stephansdom. Ich kann meine Schwestern Elisabeth und Maresa sehen. Ich kann sie aus dem Theater abholen. Diese Wohnung ist solch eine Bereicherung meines Lebens.

Was man den Abstieg des Lebens nennt, empfinde ich nicht als Abstieg. Weil ich sage: »Gott, geht es mir gut!« Ich gehe zu Fuß in der Wiener Innenstadt spazieren. Ich habe meinen Schlüssel, sperre auf und bin in meiner Wiener Wohnung. Auch die Freude daran macht diese Strecke so hell und fröhlich.

Meine Mutter hat über mich gesagt, um die Nannerl, so wurde ich als Kind genannt, muss man sich keine Sorgen machen. Die hat immer Glück im Leben. Und rückblickend glaube ich das sogar. Ich glaube, dass ich ein glücklicher Mensch bin. Und durch den Glauben, dass ich glücklich bin, bin ich sicher glücklicher als viele andere Menschen.

Die Begegnung mit dem Ich, die ja unausweichlich ist, würde ich raten so früh wie möglich anzuberaumen. Wenn sie spät kommt, kann sie schmerzhaft sein. Mein Ratschlag ist auch dafür, immer weiter zu arbeiten. Nicht aufhören, nicht aussteigen und dann vor der Leere stehen. Dankbar sein für jeden Morgen, wo man erwacht.

Was neu ist an unserer Generation: Wir schämen uns nicht mehr. Wir stehen zu unserem Alter. Dieses ängstliche Verschweigen des

Alters hat überhaupt keinen Sinn. Wohlmöglich bekommen die Medien es heraus und dann steht in der »Bild«-Zeitung, sie ist schon zehn Jahre älter. Nein, ich schlage mich nicht damit herum, nehme eine Ablehnung wegen meines Alters auch nicht als persönliche Kränkung. Im Gegenteil, ich versuche geradezu besessen, mein Alter nicht zu verleugnen. Mit Lügen macht man sich lächerlich. Ich bin der festen Überzeugung, dass das Fernsehpublikum gern mit uns älter wird. Und dass es dem Publikum egal ist, ob ich fünf Jahre jünger oder älter bin. Da ich in der Beziehung nie gemogelt habe, nimmt man mir meine zwei, drei Alterszeichen im Gesicht nicht übel. Für mich heißt das, dass ich immer alles tun werde, um möglichst gut auszusehen. Aber nicht, um möglichst jung auszusehen.

Ich kenne viele Kolleginnen von früher, die haben sich geniert, weil sie älter wurden. Die bekamen ein böses Gesicht, wenn ein junger Kollege hereinkam und sich zuerst mit der jungen Kollegin befasst hat. In dem Fall war das ich. Wir haben geredet, geflirtet, gelacht und herumgealbert. Und das hat eine ältere Kollegin übel genommen. Was das Altern angeht, hatten wir keine Vorbilder. Vor allem Männer, die selber nicht älter werden können, zeigen ja besonders gerne mit dem Zeigefinger auf eine ältere Frau.

Was Männer mit Absicht machen, dieses Vergleichen und Provozieren, macht einen schon als junge Frau ganz unsicher. Und wenn Männer die Macht im Beruf nicht mehr haben, üben sie die Macht an den Frauen aus. Das habe ich an verschiedenen Herren beobachtet. Dieses selbstverständliche Herrengefühl in der Ehe, dieses Unterdrücken der Frau und das Demonstrieren, ich bin der Stärkere, wenn du mir nicht gehorchst, bekommst du kein Geld. Das hat mich an Männern immer gestört.

Was der Generation meiner Mutter auch sehr schwer fiel, war das Zugeben von Rückschlägen. Misserfolge wurden totgeschwiegen, obwohl sie zum Leben dazugehören. Meine Generation hätte es leichter gehabt, wenn die Filmstars der 30er Jahre uns ihre Niederlagen etwas eher mitgeteilt hätten. Diese großen Kolleginnen, ob

Katharine Hepburn oder auch meine Mutter, haben Flops schamhaft verschwiegen. Meine Mutter hat erst, als ich schon zehn Jahre Höhen und Tiefen in diesem Geschäft hinter mir hatte, zugegeben, dass sie nach Probeaufnahmen auch einmal für eine Rolle nicht genommen wurde. Katherine Hepburn war 80, als sie in ihrer Biografie eingeräumt hat, dass sie sich um eine Rolle beworben und sie nicht bekommen hat. Mit hätte es in jungen Jahren so gut getan, wenn mir jemand ehrlich gesagt hätte, dass es selbst in den größten Karrieren auch Ablehnung und Löcher gab.

Heute denke ich, man muss sich seine Dankbarkeit erhalten, dass man für eine Rolle ausgewählt wurde. Man muss die Bescheidenheit behalten. Damit erhält man sich auch die Freude daran. Ich bin dankbar, dass ich immer noch gute Rollen bekomme, trotz der jungen Dinger, die über den Bildschirm hüpfen.

Erfolg sollte man nicht wie einen Mantel um sich herum tragen, sondern schön zu Hause lassen. Das tut gut. Man muss in meinem Beruf immer wieder bei null anfangen. Wichtig ist, auf dem Teppich zu bleiben, zu wissen, wo sein Platz ist. Kritik an anderen anbringen, das sollte man in seinen vier Wänden machen. Es steht einem nicht zu, andere Schauspieler zu verurteilen oder deren Auswahl von Rollen zu beurteilen.

Früher habe ich mehr ausgeteilt. Das tue ich nicht mehr, weil ich mich auch sehr oft geirrt habe, Menschen damit verletzt habe. Ich konnte sehr schnell spöttisch werden um des Bonmots willen oder um einen Lacher zu haben. Das verkneife ich mir heute, denn es tut mir selbst auch nicht gut. Als meine Aufgabe im Leben habe ich entdeckt, dass ich ganz einfach die Menschen unterhalten soll. Wenn ich am Ende meines Lebens sagen kann, es ist mir gelungen, dann habe ich viel erreicht. Das ist der berufliche Platz in meinem Leben.

Ich möchte mir meine Neugier aufs Leben, meinen Humor und selbstverständlich meine Gesundheit erhalten. Mit diesen Dingen kann man in Würde und mit Anstand altern. Ich möchte demütig und dankbar bleiben. Da der Film heute auch Frauen meiner Generation unterbringt, gehe ich ganz mutig in die letzten 25 Jahre.

Für die Menschen, die ich lieb habe, möchte ich da sein. Und auch für andere, die vom Leben benachteiligt sind. Deshalb bin ich Unicef-Botschafterin meines Landes. Da steht mir eine Reise an die Front bevor. Ich habe Bammel davor, was man alles zu sehen bekommt. Aber ich finde, es reicht nicht, ein bisschen zu spenden, um sein Gewissen zu beruhigen. Es reicht auch nicht, Weihnachtskarten zu verkaufen. So einfach ist das Leben nicht. Man muss schon gesehen haben, worüber man redet, muss sich konfrontieren. Ich möchte aktiv dazu beitragen, dass junge Mädchen Bildung und eine gute Berufsausbildung bekommen, damit sie unabhängig werden. Und so empfinde ich auch als Sinn meines Lebens, Nächstenliebe zu üben, in welcher Form auch immer. Was man für sich erreicht hat, weiterzugeben. Für andere da sein.

# Die Wechseljahre begrüßen

*Das mittlere Alter ist nicht der Anfang vom Ende, sondern das Ende vom Anfang.*

Eric Butterworth

Julia Onken, geb. 1942 in Münsterlingen am Bodensee: »Nach den Wechseljahren habe ich angefangen zu leben«

*Julia Onken war die Erste, die mir völlig unkompliziert die Zusage gab, sie für dieses Buch interviewen zu dürfen. Die Diplom-Psychologin und bekannte Buchautorin begleitete mich schon eine ganze Weile, ohne es zu wissen. Mit ihren Büchern. Meine beiden Lieblingswerke sind »Feuerzeichenfrau«, ein Bericht über die Wechseljahre, und »Geliehenes Glück«, ein Bericht aus dem Liebesalltag. Nach »Feuerzeichenfrau« wurde mir bewusst, dass die Wechseljahre der Auftakt zu einer neuen schöpferischen Lebensphase sein können. Ich las das Buch nicht nur einmal und jedes Mal erschloss sich mir eine weitere Erkenntnis. Julia Onken ist Gründerin und Leiterin des »Frauenseminars Bodensee«, leitet psychologische Aus- und Weiterbildungskurse und Paar-Seminare. Sie praktiziert als Psychologin in Kreuzlingen in der Schweiz. Sie erzählt:*

Schon mit 42 Jahren bin ich in die Wechseljahre gekommen. Heute sage ich, das ist das Beste gewesen, was mir passiert ist. Ich bin einfach losgefahren wie eine Rakete. Die Wechseljahre waren der prägendste Einschnitt in meinem Leben. Ich kann sagen, nach den Wechseljahren habe ich angefangen zu leben. Vor den Wechseljahren war ich fremdbestimmt. Ich habe versucht, über die Runden zu kommen.

Als junge Frau war ich absorbiert von Haushalt und Kindern. Ich habe zwei Töchter. Fünf quälende Jahre war ich zu Hause und habe den Haushalt organisiert. In dieser Tätigkeit habe ich nicht den Raum gefunden, mich darin zu entfalten. Ich stand am Herd und habe versucht zu kochen. In der anderen Hand hatte ich ein Buch und habe mir selbst Gedichte vorgelesen. Weil ich gedacht habe, ich gehe unter. Ich verhungere. Mein Geist, meine Seele kamen zu kurz. Ich habe später mit einem Studium der Psychologie angefangen, und das war meine Rettung. Aber ich weiß, wie es sich anfühlt, geistig zu verhungern. Ich weiß, wie es sich anfühlt, wenn man diese innere Fülle, dieses innere Pochen in keine Form hineinbringt, weil keine Kanäle zur Verfügung stehen. Ich habe in der Zeit oft gedacht, es könnte sein, dass ich überschnappe.

Als ich in meiner Ausbildung zur Therapeutin eine Lehranalyse machen musste, habe ich mir ganz bewusst einen fürchterlichen Lehranalytiker ausgesucht. Ich wusste, dass der gute Kontakte zur Behörde hatte. Ich habe mit ihm einen Vertrag ausgehandelt, bevor ich diese Lehranalyse begonnen habe. Wenn mein Mann mich je in die Psychiatrie einliefert, dann holen Sie mich wieder heraus. So schlimm war das. Ich dachte wirklich manchmal, ich werde verrückt.

Das ist natürlich nicht bei allen Frauen so. Für viele ist es etwas ganz Tolles, sich ausschließlich mit ihren Kindern zu beschäftigen. Die gehen richtig in ihrer Rolle auf. Da würde ich auch nie sagen, die sind nicht klar im Kopf. Nur, es gibt eben Frauen, bei denen ist das anders. Und wenn man die in diese klassische Mutterrolle hineinzwingt, ist das eine Katastrophe. Wie bei mir.

Ich habe mich sehr bemüht, Bildern zu entsprechen, wie ich zu sein hatte. Da kommen natürlich auch noch andere Aspekte hinzu. Ich bin beispielsweise das jüngste Kind gewesen. Bei mir hat sich der bereits 64-jährige Vater nicht mehr um mich gekümmert. Meine Schwestern waren alle schon zwischen 20 und 30 Jahre alt. Und ich war dann auch noch da.

Dieses Defizit an väterlicher Aufmerksamkeit und Anerkennung hat mich als junge Frau sehr geprägt. Ich habe versucht aufzufallen um jeden Preis. Von Männern wahrgenommen zu werden war zwingend. Und wie macht man das? Indem man erotisch stimuliert. Ich war im Grunde genommen eine ständig erotisch stimulierende »Tussi«. Ähnlich wie die Feldbusch. Als ich 40 wurde, hat mich ein Mann angerufen, mit dem ich früher befreundet war. Der sagte, immer wenn er die Feldbusch sieht, erinnert es ihn an mich. Er sagte, du warst mindestens so schön, aber auch mindestens so blöd.

Deshalb verstehe ich die Frauen, die sich auf solch einen Weg machen. Die Not, die dahinter steckt, dass man wahrgenommen werden will, ist groß. Nur, man möchte doch als Mensch gesehen werden und nicht, weil die Männer den Busen oder Hintern so geil finden. Das ist nämlich dann nochmals eine Kränkung, die zu verkraften ist. Die Rechnung geht nicht auf. Man verhungert wieder. Aber die Signale, die über die Erotik ausgesandt werden, gehen nur in eine Richtung. Mit dieser erotischen Nummer saß ich in einer Falle. Tief innen habe ich gespürt, das bin ich gar nicht. Das hat mit mir nichts zu tun. Ich wollte als Mensch wahrgenommen und wertgeschätzt werden. Dieses Grundbedürfnis sollte gestillt werden. Und das wurde natürlich überhaupt nicht befriedigt. Ich bekam nur das, was erotische Stimulation bei Männern bewirkt. Das ist das Modell zum Verhungern.

Ich musste lernen, auf mich zu hören. Auf meine innere Stimme, auf meine Intuition. Auf vieles, was ich gespürt habe, wofür ich aber nicht die richtigen Worte gefunden hatte. Beispielsweise die Angst, ich schnapp jetzt über. Die Angst, dass ich mal solch einen Schreikrampf kriege, dass die sehr distinguierte wohlerzogene Familie meines Mannes denkt, jetzt ist sie ausgerastet. Die hätten damit nicht umgehen können. Dort blieb immer alles unter Verschluss.

Wenn ich meinem Gefühl vertraut hätte und mir treu geblieben wäre, hätte ich sehr viel früher herausgefunden, dass da etwas in mir ist, was raus will. Das war der Gestaltungswille, die Sehnsucht mitzumischen, mitzureden. Meinen geistigen Interessen nachgehen zu können. Mir ein Ohr zu verschaffen, dass man mir zuhört.

Mein Mann und ich konnten uns intellektuell ausgezeichnet austauschen. Unsere Gespräche waren mehr theoretischer Natur. Wir haben sämtliche psychologischen Konzepte durchgesprochen. Aber den Link auf uns selbst haben wir dann nicht in der Form geschafft, wie es wünschenswert gewesen wäre. Wir haben die Beziehungsdynamik von Paaren analysiert und konnten relativ gut sagen, die werden es noch zwei Jahre schaffen, die vielleicht drei. Aber die eigene Beziehung haben wir immer schön ausgespart. Wir konnten alles analysieren, aber die Seele blieb verschlossen.

Meine Ehe kam irgendwann an einen Punkt, wo ich mich innerlich abgewandt habe. Wir konnten schön diskutieren, doch innerlich habe ich die Türen verschlossen. Das war ein ganz entscheidender Wendepunkt in meinem Leben, den ich erst jetzt, 30 Jahre später, begriffen habe. Ich habe damals gedacht, das ist bei meiner Vatergeschichte nicht verwunderlich. Irgendwann holt die mich ein. Jetzt trage ich meinem Mann die Hypotheken an, die eigentlich meinem Vater gehören.

Im Nachhinein denke ich, dass ich damals eine Schlüsselkränkung erlitten habe. Ich habe den Eindruck, dass das ein Thema ist, das vielen Frau geschieht. Diese Schlüsselkränkung kam so harmlos daher und passierte so: Wir waren als junges Ehepaar in England. Er besuchte die Schule, um Englisch zu lernen. Für mich war immer klar, eine konventionelle Ehe ist für mich außer Diskussion. Die wollte ich nie. Und mit einem Kind konnten wir noch relativ unkonventionell leben. In England aber fand ich mich plötzlich in einer Wohnung wieder als Hausfrau mit einem zweijährigen Kind, die wartet, bis der Mann von der Schule kommt. Ein halbes Jahr lang. Das ist zwar eine unspektakuläre Geschichte, die aber diese Schlüsselkränkung bei mir bewirkt hat. Nämlich die: Weil ich weiblichen Geschlechts bin und die Mutter, ist es klar, dass er in die Schule geht und Englisch lernt und ich das Kind hüte. Da habe ich mich zurückgezogen von ihm, konnte es aber nicht formulieren. Er hätte sicher gesagt, kein Problem, wir stecken die Kleine in den Kinderhort, und du gehst auch zur Schule. Aber ich konnte mich nicht mitteilen. Das hat dazu geführt, dass ich mich innerlich von diesem Mann abgewandt habe und ihm diese ganzen patriarchalischen »Verbrechen« Frauen gegenüber angelastet habe. Ich machte ihn unbewusst zum Repräsentanten. Das konnte ich erst viele Jahre später nachvollziehen und verstehen.

Ich habe mir schließlich andere Liebschaften gesucht und im Nachhinein verstehe ich auch, warum ich dann ausgerechnet bestimmte Männer suchte. Nämlich erfolglose Künstler. Gescheiterte

Philosophiestudenten. Meistens jüngere Männer. Lauter Männer, von denen diese Schlüsselkränkung nicht aktualisiert werden konnte. Die haben sich für diese Rolle nicht geeignet und da konnte ich mich wieder öffnen. Mein Mann hat sich dann eine Freundin genommen, und ich habe meinen jetzigen Lebenspartner kennen gelernt. Damit war die Sache gelaufen.

Die Wechseljahre fielen zusammen mit meiner Scheidung. Zuerst fiel ich in eine tiefe Traurigkeit. Das war eine Zeit, wo ich dachte, jetzt ist der Film gelaufen. Diese Phase dauerte, Gott sei Dank, nicht sehr lange. Aber ich weiß, wie sich das anfühlt.

Ich bin ein Mensch des Wortes, lese sehr viel, und ein Text von Hermann Hesse hat mir die Erleuchtung gebracht: Alles Sichtbare ist nur ein Gleichnis. Da fiel der Groschen und ich habe angefangen, die Zeichen der Wechseljahre zu untersuchen, habe gefragt, was gibt es auf dem Buchmarkt? Wo könnte ich mich orientieren? Ich fand nur lebensdemotivierende Literatur, frauenfeindlich, entwertend, geringschätzig. Richtung: Jetzt wird sie alt.

Sinngemäß las ich, nach den Wechseljahren hat die Frau ihren Dienst getan. Jetzt kann sie noch ein paar Jährchen auf der Stelle treten. Aber sie wird zänkisch, männlich und ist eine trostlose Angelegenheit.

Irgendwann habe ich mich aufgerafft, das alles zu hinterfragen. Mein Lebensthema durch diese ganzen Lebensphasen war bestimmt von dem Wort »trotzdem«. Ich habe also versucht, mich an größeren übergeordneten Gesetzmäßigkeiten zu orientieren.

Die Entscheidungsfrage war für mich, entweder gehe ich davon aus, dass es eine Schöpfungsintelligenz gibt, die gescheiter ist als ein kleiner Hormonarzt. Oder ich denke, dass die menschliche Intelligenz die höchste Instanz ist und dass es an den Menschen liegt, mit ihrer Intelligenz Leben zu definieren. Eine religiöse Frage. Ich habe mich entschlossen zu sagen: Wenn es die Wechseljahre gibt, müssen sie einen Sinn haben. Diesen Sinn wollte ich herausfinden, die Signaturen entschlüsseln, durch die die Wechseljahre gesetzt werden.

Weil ich davon ausgehe, dass diese Signaturen Botschaften für die Menschen sind. Diese Botschaften sollen wir verstehen. Und genau darum habe ich mich bemüht.

Ich habe die äußeren Zeichen genommen, die sich auf der körperlichen Bühne abspielen. Letzte Menstruation, Schweißausbrüche, Schwindel, Aggression, Zänkischsein, Launischsein und dergleichen. Diese Eigenschaften habe ich hinterfragt und habe Folgendes herausgefunden: nämlich dass man diese äußeren Zeichen als Gleichung verstehen soll. Nach dem Hesse-Zitat: Alles Sichtbare ist nur ein Gleichnis. Und hinter dem Gleichnis steht die Botschaft. Man muss sie entschlüsseln.

Wenn auf der körperlichen Bühne also das Stück »Letzte Menstruation« gespielt wird, ist die biologische Mutterschaft beendet. Das ist eine Aussage, die das Körperliche betrifft. Davon ausgehend, dass menschliches Leben nicht nur Äußerlichkeit ist, sondern auch ein geistiges Element hat, muss ich sagen, offenbar gibt es auch eine geistige Fruchtbarkeit. Und die bekommt mit den Wechseljahren eine neue Qualität. Das heißt, dass die geistige Fruchtbarkeit mit den Wechseljahren in eine neue Dimension hineinwächst, weil die körperliche Fruchtbarkeit nicht mehr vorhanden ist. In die Dimension, dass wir all das, was wir vorher im körperlichen Bereich erlebt haben, als Lehrstück betrachten: Ich bin in der Lage, Leben in mir entstehen zu lassen. Das beziehe ich nun auf das Geistige. Ich bin in der Lage, geistiges Leben in mir zu entwickeln, geistige Produkte zu erzeugen und in die Welt zu setzen.

Und das nach dem Erlöschen des Körperlichen im Geistigen umso mehr. Durch das Körperliche ist man ja in der ersten Lebenshälfte fremdbestimmt. Sobald diese Fremdbestimmtheit aufhört, bekommt man eine neue geistige Kapazität. Die Fruchtbarkeit hält also unentwegt an, durchläuft aber verschiedene Stationen. Vom Körperlichen geht es ins Geistige hinein.

Bei dem Religionsphilosophen Herman Weidelener habe ich ein sehr schönes Bild dazu gefunden. Er sagt, man kann eine körperliche Leistungskurve darstellen. Die steigt bis zur Lebensmitte stetig an und ab da sinkt sie allmählich wieder. Die geistige Leistungskurve aber steigt dort an, wo die körperliche absinkt. Die ganzen Kräfte, die vorher im Körperlichen gefangen waren, werden frei und wollen genützt werden.

Das kann man an ganz einfachen Vorgängen beschreiben. Wenn man einmal anfängt zu überlegen, wie viel Zeit habe ich damit verbracht zu bangen, ob ich schwanger bin. Oder umgekehrt zu hoffen, dass ich endlich schwanger werde. Unser Leben ist stark in diesen Zyklus eingebunden und davon bestimmt.

Und das fällt nun plötzlich weg. Das ist wie ein Befreiungsschuss. Es werden Kräfte frei. Wir verlieren körperliche Fähigkeiten und gewinnen dafür geistige Fähigkeiten. Es ist ein Umpolen. In unserer Gesellschaft ist dieses Umpolen nicht positiv besetzt. Man spricht von Verlust, man sei keine richtige Frau mehr. Und da setzt meine Haltung »trotzdem« an. Ich setze mich dagegen zur Wehr und sage, so stimmt es nicht. Es ist anders. Das Entdecken des Neuen durch die Wechseljahre hat mir unendlich viel Schubkraft verliehen. Ich habe mein erstes Buch geschrieben, habe mein Frauenseminar gegründet und es ging immer so weiter. Ich habe neue Kraft entwickelt.

Wenn ich mich im Nachhinein in der Zeit davor anschaue, sage ich heute, ich bin eine begabte intelligente Frau. Ich war das schon immer. Aber vor den Wechseljahren wusste ich es nicht. Ich habe so viel Mühe mit mir gehabt. Weil diese Begabungen und Fähigkeiten keinen Platz fanden.

Was meine Lebenshaltung betrifft, Menschen sind für mich grundsätzlich eine Bereicherung. Ich bin vom Menschen an sich begeistert, habe vom Menschen eine sehr gute Meinung. Negativ denke ich nicht. Ein Beispiel: Wenn ein Unglück geschieht und die Menschen strömen dahin und wollen gucken, dann spricht man von Voyeurismus, von Katastrophentourismus und Gaffen. Ich finde, damit tut man diesen Menschen unrecht. Die spüren, dort vollzieht sich das Leben gerade in seiner ganzen Tiefe und Tragik. Da muss ich hin. Ich unterstelle den Menschen grundsätzlich gute Absichten. Weil ich grundsätzlich davon ausgehe, dass der Mensch einfach nach einer weiteren Entwicklung strebt. Manchmal schlägt er Wege ein, die er nicht durchschauen kann. Ich würde sagen, ich eile zu dem Unfallort, weil ich mit dem Wunder meines eigenen Lebens in Kontakt kommen will. Das hat sicher mit der Beziehung zu meiner Mutter zu tun. Ich habe eine sehr intensive Beziehung zu meiner Mutter gehabt. Meine Mutter war in ihrer Ehe vereinsamt. Ich war ihre Therapeutin. Da kann man sagen, wie schrecklich für ein Kind. Es hatte den Vorteil, dass ich mich sehr bedeutungsvoll fühlte.

Seit den Wechseljahren geht es mir wahnsinnig gut. Ich habe das Gefühl, die geistigen Kapazitäten nehmen noch zu. Ich habe so viele Pläne und Ideen. Bei meinem jetzigen Partner ist es so: Durch seine Geschichte und seine Art droht keinerlei Gefahr, dass ich aufgrund meines Geschlechtes zurückgestuft werde. Ich kann in meiner jetzigen Beziehung vieles übernehmen, was meinen Fähigkeiten entspricht und was er mir nicht abnimmt. Und das ist gut. Wir sind inzwischen 25 Jahre zusammen.

# Vom Leben lernen

*Einfachheit ist das Resultat von Reife.*

FRIEDRICH SCHILLER

Petra Roth, geboren 1944 in Bremen: »Reif werden ist das Erkennen der Vielfalt des Lebens«

*Petra Roth ist Deutschlands erste direkt gewählte Oberbürgermeisterin – in Frankfurt am Main. Sie hat über Wochen einen so vollen Terminkalender, dass ich mein Interview nur unter Vorbehalt bekomme und sehr erleichtert bin, als ich ihr endlich in ihrem riesigen hellen Büro im Frankfurter Rathaus gegenübersitze. Sie trägt ein beiges Business-Kostüm, dazu Pumps, ist perfekt geschminkt und frisiert. Dezenter Goldschmuck unterstreicht ihre Eleganz. Sie könnte in diesem Outfit ebenso eine feierliche Ansprache halten, einen Gedenkgottesdienst besuchen, wie zu einer Grundsteinlegung auf eine Baustelle gehen. Wer so dicht gedrängte Termine hat, muss auch durch die Wahl der Kleidung Zeit sparen. »Ich kann mich ja nicht ständig umziehen«, erklärt sie. »Mein Lieblingsstück ist ein mausgraues Flanellkostüm mit einem Kreidestreifen. Das passt fast bei jedem Anlass.« Bei unserem Gespräch lässt sich die Oberbürgermeisterin durch nichts ablenken, denkt konzentriert nach und antwortet sorgfältig auf alle Fragen. Sie hat eine warme tiefe Stimme und strahlt schon durch die Art, wie sie ihre Worte wählt, Kompetenz aus.*

*Ihren Werdegang könnte man betiteln: »Von der Arzthelferin zur Oberbürgermeisterin.« Nach ihrer Ausbildung und ihrem Eintritt in die CDU 1972 marschierte sie durch die hessischen Partei-Institutionen. Seit 1995 ist sie Regierungschefin von Frankfurt am Main, 2001 wurde sie in ihrem Amt bestätigt. Die Wahlhessin aus Bremen ist Witwe und Mutter von zwei Söhnen. Sie erzählt:*

Das Leben ist auch ein Lernen des Umgangs mit sich selbst. Zum Reiferwerden gehört das Erkennen der Vielfalt des Lebens. Wenn ich darüber nachdenke, kann ich sagen, dass ich mich aufs Älterwerden freue, weil ich weiß, diese Jahre werden ein Geschenk sein. Denn wir verfügen nicht über unsere Lebenszeit; und die Zeit ist etwas ständig Fließendes. Am Älterwerden ist folgender Entwicklungsprozess interessant: wenn man im Rückblick sagen kann, sich richtig entschieden zu haben, Neues kennen gelernt zu haben und reifer geworden zu sein.

Seit fast 40 Jahren bin ich in der Politik. Sie hat mich von Anfang an fasziniert und nicht mehr losgelassen. Als meine Kinder klein waren, lief die Politik noch nebenher. Die Ausrichtung auf das Amt der Oberbürgermeisterin von Frankfurt war wie eine Wende; als ich damals, 1995, für dieses Amt in Frankfurt kandidierte, war ich die erste Frau. Jetzt bin ich innerhalb der CDU die amtsälteste Frau in einer Großstadt.

Auf die Frage, ob ich es schön fände, wenn ich für andere Frauen ein Vorbild wäre, antworte ich: Es wäre mir nicht unangenehm; aber es ist nicht so, dass ich danach mein Handeln ausrichte. Man kann sich nicht vornehmen, ein Vorbild zu werden. Wenn man es wird, dann durch seine Taten. Ich selbst hatte für mich keine Person als allgemeines Vorbild, weil es für Frauen meiner Generation kaum Vorbilder gab. Ich hatte aber immer wieder Vorbilder bei bestimmten Vorgängen.

Es war stets mein Wunsch – und das hat sich auf eine wunderbare Weise erfüllt –, für andere Menschen etwas zu tun. Wenn jemand mir sagt, ich hätte ihm geholfen, befriedigt mich das deshalb beruflich. Im weitesten Sinne fühle ich mich als Politikerin in einer sozialen Verantwortung. So verstehe ich ein politisches Engagement. Politik zeigt sich darin, aus den gewünschten Hilfen Gesetze und Initiativen werden zu lassen und sie Schritt für Schritt umzusetzen.

Aber man darf im Amt keine Schwäche zeigen, weil ein Gegner versuchen würde, daraus Vorteile zu ziehen. Das ist ein Fazit aus dem harten politischen Geschäft. Ich betrachte Gegner als Menschen, an denen man wachsen kann. Denn ich fühle mich durch sie gefordert.

Auch sollte man für die Menschen, für die man Führung übernommen hat, nach außen stark sein. Geführt werden heißt ja im Positiven Stärke und Schutz erfahren. Leistung und Stärke gehören zu diesem Geschäft.

Wenn man verletzt wurde, was vorkommen kann, darf man das in der Politik nicht zeigen. Das ist mir nicht immer leicht gefallen. Man fragt sich schon manchmal: Warum werde ich mit Kritik überschüttet? Verstehen die Menschen meine Situation nicht? Mit der zunehmenden Routine verschwinden diese Gedanken.

Von einem Menschen in meiner Funktion wird Disziplin verlangt. Das bedeutet, dass ich Bedürfnisse aufschieben können muss, dass ich sie zurücknehmen muss, bis Zeit dazu ist. Dieser Prozess läuft bei mir mit Hilfe der Konzentration. Ich bin sehr dankbar, über diese Disziplin zu verfügen. Das ist eine Fähigkeit, die man erlernen kann. Dieser Prozess liegt hinter mir; es war nicht einfach, aber man kann diese Selbstdisziplin trainieren. Sonst würde ich diesem Druck, der auf dem Amt lastet, nicht standhalten können und gleichzeitig noch handlungsfähig sein.

Ein Workaholic befindet sich in dieser Gefahr, durch Arbeit sich innerlich zu zerstören. Mit Arbeit alles andere im Leben zuzuschütten und dabei das Nachdenken verkümmern zu lassen, das möchte ich auf keinen Fall.

Die privaten Räume brauche ich nämlich, um Normalität und Individualität erleben zu können. Es ist sehr wichtig für mich, über die Nische des Privaten zu verfügen. Dazu gehört, mir den Raum des eigenen Denkens zu erhalten. Darin bin ich auch schöpferisch. Würde man ansonsten nicht verarmen und verkümmern, nicht mehr menschlich sein? Dies ist vielleicht eine Stärke, die andere an mir schätzen.

Zum Nachdenken brauche ich Zeit für mich; ich muss mich mit mir allein treffen können, mich mit meinen Gedanken auseinander setzen. Häufig schaffe ich das nicht. Das bedauere ich. Aber im Urlaub ist es anders. Dann nehme ich zum Beispiel plötzlich wahr, dass es regnet. Ich mag Regentropfen so gerne und wie der Regen sich anhört auf den Blättern. In Sitzungen kann man so etwas nicht wahrnehmen.

Im Urlaub kann ich abschalten. Dann ruft bei mir das Innere nach geistiger Nahrung, und damit bin ich die letzten zehn Jahre sehr gut zurechtgekommen. Kunst und Kultur vier Wochen lang erleben, das formt und bereichert mich, dabei tanke ich auf.

Ich besuchte im letzten Urlaub einige Kulturhöhepunkte Europas: Es begann in Bayreuth mit meiner Familie. Dann bin ich in Südfrankreich gewesen. Beim Besuch von Athen hat mich die Geschichte der Demokratie und der Polis fasziniert. Schließlich verbrachte ich noch sechs Tage bei den Salzburger Festspielen. Ich habe also nicht in der Sonne gelegen und gefaulenzt, sondern war im »Rosenkavalier«. Das sind die Momente, die mich bewegen.

Im Urlaub habe ich immer viel gelesen. Ist es nicht interessant, wie Leute früher das Gleiche gedacht haben, womit wir uns heute erneut befassen, sich die Fragen stellten, vor denen wir gegenwärtig stehen? Über solche Einsichten freue ich mich umso mehr, je älter ich werde. Goethes »Wahlverwandtschaften« habe ich mit 20 Jahren, mit 40 Jahren und kürzlich gelesen. Und ich habe den Eindruck, man liest sie mit jedem Lebensabschnitt anders. Mit meinen 20 Jahren erkannte ich andere Dinge darin als mit 60 Jahren Lebenserfahrung.

Heute verstehe ich weitaus mehr, wie das Leben ist. Dieser geistige Gewinn ist wunderschön. Den Gesamtzusammenhang des menschlichen Lebens immer mehr zu begreifen, auch das Zusammenspiel von Mensch und Natur, zu erkennen, wie es funktioniert, und daraus sein Handeln abzuleiten, das ist in hohem Maße befriedigend.

Der Mensch will sich einbringen, er will gestalten. Gibt es einen Menschen, der sagt, ich möchte den ganzen Tag untätig auf einer Bank sitzen und in die Luft gucken? Kaum. Die Sinnhaftigkeit des Lebens, die einem bewusst wird, bedeutet eine große innere Bereicherung.

Neben den vielen Sachaufgaben, die ich als Oberbürgermeisterin zu erfüllen habe, kommen eine Fülle von Begegnungen mit Menschen. Das ist ein Schwerpunkt meiner Aufgaben. Dabei eine gute Menschenkenntnis gewonnen zu haben, sich im Erkennen des Gegenübers bestätigt zu sehen, auch das ist Lebenserfahrung und zugleich ein bereichernder Prozess des Älterwerdens.

Meine Entwicklungsphasen kann ich voneinander abgrenzen: In den ersten 20 Jahren wuchs ich heran und wurde erwachsen. Ich komme aus einem sehr glücklichen Elternhaus, und ich hatte eine glückliche Jugend. Dann bin ich 20 Jahre lang eine junge Frau gewesen mit Ehe und Kindern. Ich bin sehr gern Mutter geworden und habe meine beiden Söhne – ich wollte Jungs haben – aufs Leben vorbereitet. Das geschah durch Vorleben, nicht durch Predigen. Nur durch das Vorleben ist Kindern zu vermitteln, wie sie ihr Leben mehr und mehr selbständig gestalten können.

Ich habe versucht, meinen Kindern die Glücksmomente zu verschaffen, die sie brauchten, um stark ins Leben zu gehen. Der Freiraum, der blieb, den habe ich mit politischer Arbeit gefüllt.

Die letzten 20 Jahre waren eine Zeit vermehrter Erkenntnis: Was habe ich im Leben erfahren dürfen? Was kann ich aus meiner Eigenständigkeit heraus genießen?

Ich habe das Glück, gesunde Kinder zu haben. Sie haben eine abgeschlossene Ausbildung, leben eigenständig, und bisher war ihnen ein gutes Schicksal bestimmt – obwohl mein Mann vor zehn Jahren verstarb.

Der Tod meines Mannes traf mich tief. Wir führten eine sehr gute Ehe, das darf ich sagen. Wir waren sehr glücklich miteinander. Der schreckliche Verlust war unüberbrückbar. Plötzlich war kein Partner mehr da. Der Verlust eines Menschen, mit dem man sich kongenial verstanden hat, ist äußerst schwierig. Man muss lernen, damit zu leben.

Irgendwie schaffte ich es damals, das tägliche Leben zu managen.

Mein Weg in das Amt des Oberbürgermeisters ist wohl auch vor dem Hintergrund des Alleinseins zu sehen. Ich weiß nicht – und das sagen mir gute Freunde –, ob ich dieses Amt so ausgefüllt hätte, wie ich es ausfülle, wenn mein Mann noch leben würde. Wenn man Partnerschaft richtig versteht, ist man auch selbst als Partner gefordert. Der Raum, der für Zuhören und Zuwendung da sein muss, fällt aber bei mir weg – oder besser gesagt, er geht im Amt des Oberbürgermeisters auf.

Nach dem Tod meines Mannes musste ich, wie viele, das Alleinsein lernen. Ich konnte nun nicht mehr nach Hause kommen und erzählen, traurig sein oder nach Meinungen fragen. Da war kein Ehepartner mehr.

Inzwischen bin ich gern allein, ich kenne aber auch das Gefühl von Einsamkeit. Einsamkeit ist etwas anderes als das Alleinsein. Einsamkeit heißt, dass man mit jemandem kommunizieren möchte, den man nicht hat. Alleinsein kann hingegen sehr erfüllend sein.

Ich habe den ganzen Tag Menschen um mich herum. Und wenn ich abends nach Hause komme, dann ist Stille um mich. Ich höre die Stille und finde sie schön.

Die Kulturgeschichte beweist, dass Mann und Frau unterschiedlich sind und wir das Gesamtkunstwerk einer humanen Gesellschaft nur gemeinsam erreichen. Wissenschaftler meinen, dass die Frau in 30 oder 40 Jahren vielleicht stärker in Führungsaufgaben sein werden als der Mann, was wohlmöglich eine kulturelle Revolution bewirkt. Eine Frau denkt eher ganzheitlich. Frauen bauen auf ihre Intuition, schauen mal hier, gehen mal dorthin. Dieses Ausprobieren handhaben Frauen anders als Männer.

Ich finde es gefährlich, seine Jugend konservieren zu wollen. Auch weil es letztlich zu einer Begrenzung der Zeit führt. Es ist gefährlich, sich selbst zu begrenzen. Der Lebensabschnitt Jugend ist nur ein Teil eines langen Lebens. Wenn man diesem Wahn verfällt, diesem Jugendwahn, und sagt, nur die Jugend kann mir das elementare Glücksgefühl vermitteln, dann ist man zwangsläufig die folgenden 70 Jahre nicht glücklich. Deshalb halte ich den Jugendwahn für gefährlich. Man sollte den Menschen vor der Illusion warnen, jeden Tag mit dem Hochgefühl seiner Existenzwahrnehmung leben zu wollen.

Ich freue mich, in der Werbung ältere und alte Gesichter zu sehen. Das hat es so bisher nicht gegeben. Man sieht, dass es noch andere Phasen des Lebens gibt.

Das makellose Aussehen oder die glatte Optik eines Gesichts und eines wohlproportionierten Körpers sind nicht Voraussetzungen für ein glückliches Leben.

Jugendlich zu sein, im Sinne von neugierig zu sein, gestalten zu wollen, unternehmungslustig zu sein, das sind sehr positive Eigenschaften.

Ich fühle mich sehr neugierig auf die Welt um mich herum. Ich verfüge auch über die Kraft, Probleme und Aufgaben anzugehen. Dankbar bin ich, dass mein Leben so verläuft, wie es verläuft. Viele Menschen sterben und hatten nicht die Chance zu entfalten, was vielleicht noch in ihnen war.

Ich hatte und habe das Glück, in den wichtigen Phasen meines Lebens die richtigen Menschen getroffen zu haben. Es war eine wichtige Lebenserfahrung, den Partner zu finden, so dass ich fortentwickeln konnte, was ich als Anlage in mir hatte. Einen Menschen gefunden zu haben, der wie ein fehlendes Stück zu einem selbst ist, stellt ein großes Glück dar – und das hatte ich mit meinem verstorbenen Mann.

Ich weiß auch, dass eine Ehe mit der Intensität meines Berufs schwer zu vereinbaren ist.

Sinn des Lebens ist für mich, am Ende für andere Menschen etwas geschaffen zu haben. Ich versuche, so zu leben, dass ich das jederzeit sagen kann. Es ist mein Ziel, etwas zu gestalten, an dem sich andere freuen können, was sie nutzen können.

Ich bin kein Künstler, kein Literat. Wäre ich das, würde ich gerne etwas hinterlassen, was man jederzeit zur Hand nehmen kann.

Ich lebe gerne, und ich nehme die Herausforderung des Lebens an. Ich stehe meine Frau, und wenn mir das Schicksal weiter eine gesunde Konstitution zur Seite stellt, dann ist das Älterwerden etwas Schönes. Wir dürfen nicht vergessen, wir werden immer älter. Unsere Generation lebt vielleicht 20 Jahre länger als die Generation vor uns. Die Wahrscheinlichkeit, dass viele von uns 90 oder 100 werden, ist erheblich.

Da ist es ein Geschenk, dass ich gesund bin und mein Amt mit seiner Verantwortung ausführen kann. Ein Ende meiner Zeit als Oberbürgermeisterin stelle ich mir noch nicht vor; ich möchte bei der nächsten Wahl noch einmal antreten.

Ziehe ich ein Fazit dieser Reflexionen, so kann ich heute sagen, dass ich beruflich und privat Dinge erleben darf, die mich erfüllen. Und das ist doch sehr viel, oder?

## Aufgaben annehmen

*Interview mit der Hamburger Logotherapeutin und Existenzanalytikerin Hannelore Unruh, geb. 1929 in Mannheim, über die Entwicklungsstufen der zweiten Lebenshälfte*

»Im Alter kommt die Schönheit von innen«

**Wir sprechen von der ersten und von der zweiten Lebenshälfte. Wie unterscheiden sie sich?**

Jede Lebenshälfte hat eigene Werte. In jungen Jahren sind die Werte mehr auf äußere Dinge ausgerichtet. Wie sehe ich aus? Was habe ich? Was werde ich? Wie werde ich gesehen? Die erste Lebenshälfte ist dazu da, Ich-Stärke aufzubauen. Die Werte drehen sich um das eigene Ich. Dazu gehört Eigenständigkeit, Autonomie, sich zu lösen aus dem Kinderdasein. Die Ich-Werte beziehen sich immer auf einen gesunden Egoismus, berechtigt, denn der Mensch muss ja erst wachsen. Man entwickelt Eigenstärke. In der ersten Lebenshälfte lebt der Mensch eher extrovertiert. Es geht darum, eine Existenz aufzubauen, das äußere Bild zu entwickeln, Selbstbewusstsein zu bekommen, sich selbst zu finden, seinen Stil zu finden. Man möchte sicher auch einen Partner finden.

**Worum geht es in der zweiten Lebenshälfte?**

Zur zweiten Lebenshälfte gehört die Entwicklung vom Ich zum Selbst, indem man die Innenwelt mit einbezieht. Der reifere Mensch lebt eher introvertiert. Wir haben in der zweiten Lebenshälfte die Aufgabe, unsere Innenwelt kennen zu lernen. Das Blatt wendet sich. Der Mensch richtet sich hin zu Fragen wie z.B.: Wie sehe ich das Leben? Wie sehe ich die Menschen? Während es in der ersten Lebenshälfte gar nicht so günstig ist, beispielsweise in einer tiefenpsychologischen Therapie, unbewusste Kräfte loszutreten, sofern keine Störung vorliegt, weil das schwächen könnte, geht es in der zweiten Lebenshälfte eben darum. Es ist dann wichtig, sich mit seiner inneren Welt vertraut zu machen, denn es melden sich häufig die alten Wunden, die unverarbeiteten Verdrängungen und unsere Schattenseiten. Das geschieht nicht selten in den Wechseljahren.

**Was können wir uns unter Ich und Selbst vorstellen?**

Das Selbst ist das Ganze, Bewusstes und Unbewusstes, die Außenwelt und die Innenwelt. In jungen Jahren ist man beispielweise an Symbolen und Träumen nicht sonderlich interessiert. Man weiß noch nichts von seinen Schatten. Es gibt zwar Projektionen, aber man kann sie nicht einordnen. Doch irgendwann ist die Zeit reif, sich damit vertraut zu machen, sich damit auseinander zu setzen. Das macht sich häufig fest an Schwierigkeiten, die man bekommt. Oder es macht sich durch Störungen bemerkbar, dass diese Dinge einmal angeschaut werden wollen. Wer das nicht tut, bleibt stehen und altert.

**Ob wir alt wirken, hat also damit zu tun, ob wir unsere Aufgaben angenommen haben oder nicht?**

Ja durchaus. Man kann ja mit 40 schon alt sein. Wer beispielsweise beschließt, die Opferrolle einzunehmen, oder sich für Resignation entscheidet, bleibt auch stehen. Resignation heißt Stillstand. Und Stillstand macht alt. Dann kann es gut sein, wenn man jemanden wie beispielsweise einen guten Freund oder auch einen Therapeuten hat, der einem hilft, nach innen und nach vorne zu schauen. Und so gesehen bedeutet die zweite Lebenshälfte eigentlich den größeren inneren Reichtum. Der hält, sofern man sich ihm nicht verschließt, tatsächlich jung.

**Können Sie das noch konkreter erklären?**

Das Wesentliche ist, Dinge loszulassen. Wenn man an alten Vorstellungen, an alten Lebensmustern haftet, kann sich nichts Neues entwickeln. Und das ist die ganz große Gefahr. Frauen möchten ja oft unbedingt jung bleiben, geben sich ganz große Mühe, verrenken sich geradezu und schauen zurück statt nach vorn. Wir sollten im Laufe des Lebens, schon bevor es so spät ist, lernen, abschiedlich zu leben. Das ist oft ein schmerzhafter Prozess. Es gibt im Leben so viele Abschiede zu bestehen. Und jedes Mal ist da die Gefahr, dass man hängen bleibt und es dadurch besonders schwierig wird, Altes loszulassen.

**Weshalb ist das Loslassen so wichtig?**

Wenn man alte Dinge loslassen kann, eröffnen sich neue Räume. Es geht um die Lebensstufen, die der Mensch durchlaufen muss. Es geht darum, zu erkennen, wo man sich gerne einnistet, obwohl man weitergehen müsste. Es geht um die Entwicklung. Abschied nehmen können ist wohl das Wichtigste, um sich weiterentwickeln zu können.

**Das ist aber oft sehr schwer. Vor allem, wenn wir Dinge durchmachen müssen, die wir uns nicht gewünscht haben.**

Viktor Frankl sagt: »Mensch sein heißt immer noch anders sein können.« Wenn ich auch manchmal keine Wahl habe, habe ich immer noch die Möglichkeit, mich gegen etwas zu stellen oder eine Einstellung dazu zu finden. Die Ereignisse passiv über mich ergehen zu lassen oder nach Wegen zu suchen, um damit leben zu können bzw. die Dinge zu akzeptieren. Diese Freiheit bleibt mir. Auch wenn wir gezwungen werden, eine neue Lebenssituation zu bewältigen, beispielsweise dadurch, dass der Partner uns verlässt. Auch da bleibt uns ja ein Rest Freiheit. Es geht ums Akzeptieren. Es geht darum, nicht sinnlos Kräfte zu vergeuden, indem man sich gegen sein Schicksal stellt und lange hadert. Vor allem, wenn man die Situation sowieso nicht ändern kann. Wut und Tränen können und müssen sein, doch dann muss ich den Moment finden, wo ich sage, ich will es akzeptieren. Das ist immer wieder die Entscheidung. Frankl sagt auch: »Unser Sein ist entscheidendes Sein.« Entscheiden heißt sich von etwas – z.B. einer Vorstellung – trennen. Selbst dann, wenn es sehr harte Einschnitte sind, die wir durchzumachen haben.

**Man hat aber manchmal jahrelang Groll auf jemanden.**

Das meinte ich auch mit alten Verletzungen. Groll habe ich ja auf etwas oder jemanden, von dem ich mich verletzt fühlte. Und da ist es wichtig, die Dinge noch einmal anzuschauen, die Wut noch einmal wahrzunehmen, Stellung zu beziehen und immer zu sehen, was ist mein eigener Anteil an dieser Situation? Das zuzulassen und sich neu dazu einzustellen ist so wichtig. Zum Loslassen gehört auch, die negativen Gedanken, Groll und Hass loszulassen. Nur mit dieser Einstellung kann man eine Krise auch als Chance empfinden. Es gibt so viele Beispiele, in denen Menschen mit einem schweren Schicksal Enormes aus ihrer Situation gemacht haben. Wir kommen in der Krise an eine Kreuzung und können uns entscheiden, ich kann so oder so weitergehen.

**Oft denken wir, wenn wir uns nur »richtig« verhalten, könnten wir unser Leben steuern.**

Wir können es nicht steuern, aber wir können unser Leben in die Hand nehmen. Irgendwann müssen wir an den Punkt kommen, an dem wir erkennen, dass wir mehr sind als unsere Bedingungen. Wir sind mehr als unsere häuslichen, finanziellen, körperlichen Voraussetzungen, als unsere Erbanlagen und unsere Erziehung. Der Mensch hat diesen Spielraum. Wir sind ja auch geistige Wesen und Geist ist nicht gebunden an Bedingungen.

**Was unterscheidet Geist und Seele?**

Nach der Übersetzung aus dem Hebräischen heißt Geist: Sturm, Wind. Geist ist etwas, was in Bewegung hält. Es gibt den bewussten

Geist, aber auch den unbewussten. Geist ist intentional, ist schöpferisch, ist auf Ganzheit ausgerichtet. Werte wie Hoffnung, Güte, Freiheit sind geistige Potentiale – nicht seelische. Seele dagegen bewahrt die Emotionen wie Angst, Trauer, Freude und Wut.

**Älterwerden bedeutet ...**

... man kann alte Vorstellungen, alte Konventionen fallen lassen. Man kann alles fallen lassen, die übermäßige Anpassung, die einem als Pflicht oder Muss durch die Erziehung, die Gesellschaft vorgeschrieben wurde. Alles, was man glaubt, tun zu müssen. Man hat einfach mehr Mut, einen eigenen Standpunkt zu beziehen. Es ist ein ganz wichtiger Vorgang, dass man sich erlaubt und traut, seinen eigenen Standpunkt zu beziehen und der zu werden, der man eigentlich ist, sich nicht mehr zu fragen: »Was denken die anderen?«, sondern authentisch zu leben. Das ist auch der Segen des Älterwerdens und Älterseins. Aber der Übergang ist natürlich schwierig.

**Was ist so schwierig am Älterwerden?**

Ältersein ist eigentlich eine ausgesprochene Befreiung. Jenseits von Gut und Böse zu dem zu stehen, der man ist. Schwierig ist speziell das Zurückblicken. Die nicht eingestandene Trauer, dass man einen bestimmten Lebensraum, bei der Frau beispielsweise das Begehrtwerden, nicht mehr erfährt. Interessanterweise kann man erleben, dass, wenn Frauen das hinter sich lassen, sie plötzlich doch wieder begehrt werden. Weil sie eine ganz andere Ausstrahlung bekommen haben. Weil sie nicht mehr in der Opferrolle gefangen sind. Man sagt ja, dass alle 15 Jahre eine neue Lebensphase beginnt. Ich glaube, da ist etwas dran. Zwischen 60 und 70 Jahren erleben viele Frauen noch einmal ganz gute stabile Jahre, sofern die nötigen Schritte getan sind. Spätestens dann hat man diese ganze Unruhe, die Frage danach, bin ich als Frau noch begehrenswert, hinter sich.

**Eine junge Frau ist begehrenswert durch ihre äußere Hülle. Eine ältere durch ihre Ausstrahlung?**

Die Schönheit des Alters kommt von innen. Äußerlich ist man natürlich nicht mehr makellos. Doch das Attraktive ist die Ausstrahlung, die von innen kommt. Das erlebt man ja immer wieder. Auch mit Fältchen, und die sollte man um Gottes willen nicht versuchen wegzubekommen. Letzten Endes geht es darum, im Reinen mit sich zu sein. Das erfordert Arbeit an sich.

**Worin besteht die Arbeit?**

Die Arbeit besteht darin, seine Verletztheiten anzuschauen. Das sind die Ängste, die wir haben, das ist der Neid, den wir vielleicht haben. Auch der Hass. Wir sollten unsere inneren Gegner kennen lernen, zum Beispiel unsere Selbstaggression. Wir haben Muster von Vater oder Mutter übernommen. Wir haben uns eine Biografie zu Eigen gemacht. Häufig üben wir Selbstbestrafung. Jede Art von Schuld und Schuldgefühl wäre anzuschauen. Wir selber sind es ja oft, die wir uns diese Schwierigkeiten machen. Da gibt es diesen schönen Satz, auch wieder von Frankl: »Das lasse ich mir von mir nicht länger gefallen.« Darum geht es. Es beinhaltet erstens, dass ich es bin, der sich das antut, und zweitens, wenn ich es bin, dann kann ich auch etwas daran ändern und entscheiden, was ich in Zukunft nicht mehr tun will.

**Viele schwierige Situationen erzeugen wir selber?**

Ganz genau. Wer sich seinen eigenen Anteil nicht anschaut, bleibt in der Opferrolle stecken. Das, was man ahnt, aber nicht wissen will, was man verdrängt, zeigt sich häufig in psychosomatischen Störungen. Psychosomatik ist doppelte Verdrängung. Das Kind muss häufig verdrängen, das ist ein Schutz der Seele. Aber die Verdrängung muss später aufgehoben und aufgearbeitet werden. Viele Menschen weigern sich allerdings, daran zu arbeiten. Dann bleiben sie stehen, resignieren und altern frühzeitig.

**Was kann Therapie leisten?**

Den Blick in die richtige Richtung lenken. Es ist ja zweierlei notwendig. Zurückzuschauen, aber eben auch nach vorne. Wir müssen die alten Verletzungen bearbeiten, um frei zu werden. Wenn man alte Verletzungen noch einmal nacherlebt, kann man sich selbst entlasten. Als Erwachsene haben wir die Möglichkeit, Stellung zu beziehen, was wir als Kind nicht konnten. Wir können mit Hilfe von Therapie den alten Zorn wach werden lassen, den wir als Kind nicht ausleben durften. Es dürfen Tränen fließen, die vielleicht das Kind zurückhalten musste. Und dann geht es darum, nach neuen Möglichkeiten zu schauen, die unentdeckten Potentiale kennen zu lernen und zu entwickeln. Wir haben im Keller unserer Seele ja nicht nur alte abgelegte Dinge, wir haben auch Vorräte. Die eigene Kreativität, die Fantasie, Intuition, Wünsche und Gaben.

**Viele Frauen können tatsächlich nach den Wechseljahren erst sagen, jetzt lebe ich.**

Und das ist letztendlich sogar eine ganz normale Entwicklung, die man schon sehr früh gesehen hat. Der Mystiker Johannes Tauler hat schon davon geschrieben, dass die Menschen in der Lebensmitte unruhig werden, in Aufbruchstimmung sind, nicht wissen, wohin. Und er sagt, das geht so lange, bis sie dann merken, dass sie den Schatz nicht außen, sondern innen finden. Dass sie entdecken, ihrer Intuition nachgehen zu können. Mit der Innenwelt in Berührung zu kommen. Darum geht es und es ist überhaupt nichts Neues.

**Das Materielle wird auch unwichtiger.**

Man muss nicht mehr alles haben. Auf der anderen Seite nimmt man viel mehr wahr. Beispielsweise die Kunst, die Natur, die Jahreszeiten, die Mitmenschen. Das ist auch ein Geschenk der zweiten Lebenshälfte. Wir haben keine Vorstellung mehr von uns, die wir glauben, verwirklichen zu müssen. Wir sind viel mehr bei uns. Es ist ein Zeichen für inneres Wachstum, wenn die äußeren Dinge nicht mehr so wichtig sind. Man erlebt es allerdings auch häufig, dass Menschen in äußeren Dingen hängen bleiben, immer noch mehr haben wollen. Das ist jedoch kein Mittel gegen Unzufriedenheit oder gegen das Altern.

**Sie sagten, in der zweiten Lebenshälfte gäbe es mehr inneren Reichtum.**

In der zweiten Lebenshälfte nehmen wir inneren Reichtum mehr wahr. Er ist zwar vorher auch schon da. Aber weil wir uns nach äußeren Dingen ausrichten, ausrichten müssen, und oft durch unsere Erziehung oder Biografie verbiegen mussten, nehmen wir ihn in jungen Jahren nicht so wahr. In der zweiten Lebenshälfte können wir ihn mehr sehen, sofern wir uns durch Loslassen offen dafür gemacht haben. Das ist ein ganz zentraler, wichtiger Bestandteil.

**Was ist der Schatz, den man in sich trägt?**

Sich immer wieder für neue Dinge interessieren zu können, ungelebte Potentiale, Gaben zu entdecken und sich neu auszuprobieren. Es macht reife ältere Menschen aus, dass sie sehr offen sein können, immer noch neugierig sind, auf unkonventionelle Dinge eingehen können. Oft sind sie viel mutiger in einer Begegnung, weil sie nicht mehr das Gefühl haben, sie verlieren sich dabei. Sie öffnen sich, lassen mehr von der Welt in sich ein. Das geht nur, wenn wir einen eigenen Standpunkt haben, wenn wir nicht so unsicher sind. Wir verschließen uns ja aus Ängstlichkeit.

Wohlwollen ist auch ein ganz wichtiger innerer Reichtum. Dass ich nicht mehr alles nur für mich haben will, sondern wohlwollend geben, gönnen, mitteilen und zuhören kann. Wohlwollend sein können ist ein Zeichen inneren Heilseins.

**Sollte es nicht Ziel der Arbeit an sich sein, seine Schwächen zu überwinden?**

Natürlich, vielleicht ist es besser zu sagen an den Schwächen zu wachsen, sie zu verwandeln in Stärken. In jungen Jahren glaubt man, dass man seine Schwächen ausmerzen kann. Unser Ziel sei, glücklich zu werden. Doch unsere inneren Schwächen können wir nicht ausmerzen. Auch dazu können wir nur eine Einstellung finden. Wenn wir nicht unsere ständigen Reibungsflächen hätten, bedeutete das Stillstand. Manchmal muss man auch die Dinge geschehen lassen, akzeptieren. Sie nicht verdrängen oder verleugnen.

**Thema Partnerschaft. Worauf kommt es an?**

Es ist heute kaum noch jemand in seiner ersten Partnerschaft. Oder nur aus allen möglichen Rücksichten heraus, so gesehen ist eine lang anhaltende echte Partnerschaft doch relativ selten. Ich denke, der frei entwickelte Mensch ist eigentlich erst partnerfähig. Weil er bei sich bleiben und dem anderen Raum geben kann. In der Partnerschaft ist es sehr wichtig, sich selber Raum zu erlauben und dem anderen Raum zu geben. Das Optimale wäre, dass man sich miteinander und aneinander entwickelt. Für eine funktionierende Partnerschaft ist auch wichtig, dass jeder allein leben kann und nicht am anderen die ungelebten oder unbearbeiteten Dinge ausagiert. Die Partnerschaft, wenn sie denn gelingt, gehört auch zur Fülle des Lebens und ist sicher ein Grundbedürfnis der meisten Menschen. Natürlich bedeutet Partnerschaft auch, nicht sich anpassen, aber einpassen. Übermäßige Anpassung macht beide kaputt.

**Das ist aber eine schwierige Gratwanderung.**

Ich erlebe es immer wieder in der Therapie: Wenn eine Frau beispielsweise erkennt, wo sie sich übermäßig angepasst hat, und dann lernt, mehr sich selbst zu leben. Wenn es ihr gelingt, ihr Verhalten zu ändern, findet das der Partner häufig sehr gut. Er ist im Grunde auch befreit von etwas, das ja nicht stimmig war. Es ist ein Phänomen: Man macht nichts allein, ohne dass der andere unbewusst reagiert. Man kann den anderen nicht verändern, aber wenn man sich selber verändert, wird der Partner sich mit verändern.

**Was verändert sich in der Partnerschaft der zweiten Lebenshälfte?**

Partnerschaft in der zweiten Lebenshälfte muss noch einmal neu gelernt werden. Das ist oft ein schwieriger Übergang. Heute fällt das auch noch häufig mit der Pensionierung des Mannes zusammen. Die Kinder waren Katalysatoren, solange sie im Haus waren. Sie waren oft das Feld, auf dem Schwierigkeiten und Uneinigkeiten ausgetragen wurden. Wenn sie aus dem Haus sind, muss neu überlegt werden. Es müssen wieder Gemeinsamkeiten gepflegt werden. Spätestens wenn die Kinder fort sind, müssen Gespräche stattfinden, die oft verstummt sind. Viele Paare führen nur noch die sogenannten Verwaltungsgespräche, das eheliche Gespräch muss neu gelernt werden.

**Was genau ist das eheliche Gespräch?**

Das Verwaltungsgespräch besteht aus Sätzen wie: Wir brauchen den Maler. Das Kind hat Elternabend. Die Waschmaschine ist kaputt. Das eheliche Gespräch würde anknüpfen an das, was man tat, bevor man heiratete. Nämlich: sich dem anderen mitzuteilen, von sich zu erzählen, dem anderen ein Selbstbildnis zu zeichnen. Wo steht man? Wie fühlt man sich? Was macht dieses oder jenes mit einem? Meistens finden eheliche Gespräche so statt, dass dem anderen Vorwürfe gemacht werden, das führt natürlich überhaupt nicht weiter. Es geht darum, sich einfühlbar zu machen und zuzuhören. Wenn junge Menschen sich kennen lernen, sind sie neugierig und offen füreinander. Später glauben sie, sie wissen schon alles, und das Gespräch verstummt. In der zweiten Hälfte der Ehe wissen die beiden oft überhaupt nichts mehr voneinander, weil sie nie wirklich miteinander gesprochen haben. Und es ist eine Riesenchance in der zweiten Lebenshälfte, das eheliche Gespräch wieder aufleben zu lassen, um ein gutes Miteinander herzustellen.

**In der zweiten Lebenshälfte werden wir mit dem Thema Tod konfrontiert.**

Ein anderer Aspekt des Älterwerdens ist das Abschiednehmen und Loslassen, wenn man nahe Menschen durch Tod verliert und es dann leer wird. Das ist die Verlustseite des Älterwerdens und man kann das nicht bagatellisieren. Da ist die Fähigkeit wichtig, auch wieder neue Menschen kennen zu lernen, sich also offen zu halten. Sonst kommt die Einsamkeit.

**C.G. Jung spricht von Abstieg in der zweiten Lebenshälfte. Viele Frauen um 60 empfinden das ganz anders.**

C.G. Jung hat den Lebensbogen beschrieben. Biologisch gesehen geht es ja schon mit 30 Jahren bergab. Es ist wichtig zu akzeptieren, dass körperlich irgendwann kein Aufstieg mehr möglich ist. Es ist wichtig einzuwilligen, dass man zum Beispiel langsamer wird. Beim Tier verläuft die Lebenskurve wie beim Menschen, als Bogen. Beim Baum verläuft die Lebenskurve ganz anders. Da geht es immer bergauf und plötzlich kippt der alte Baum um. Der Mensch, wenn er sich geistig ausrichtet, kann beides verbinden. Im Akzeptieren des geringeren Kraftpotentials, der geringeren Lebenskräfte sich geistig auszurichten, bedeutet weiter zu wachsen. Der Mensch hat körperlich einen Lebensbogen, und wenn er sich nicht dagegen auflehnt, kann er geistig die Lebenskurve des Baumes haben. Wenn der Mensch freier wird von Äußerlichkeiten, von Problemen, die er hat oder sich macht, wird auch der Geist freier.

**Wir suchen stets einen Sinn im Leben.**

Viktor Frankl erkannte, dass das »Leiden am sinnlosen Leben« eine Erscheinung des modernen Menschen ist. Mit Sinn ist hier zunächst nicht der letzte Sinn gemeint, sondern der tiefe Wunsch des Menschen, in seinem Tun Sinn und Erfüllung zu finden. Das ist ein Urbedürfnis, bewusst und unbewusst. Sinn kann man nicht verordnen, er muss gefunden werden. Dazu gehört die Suchhaltung, das Suchen nach dem Ja zum Leben. Dieses Sichöffnen lockt mich heraus aus meiner Enge zum Menschen und zum großen Leben hin. C.G. Jung sagt, der Mensch ist ein Homo religiosus, er strebt nach der Anbindung an das, was größer ist als er. Es ist wichtig, dazu einen Kontakt zu bekommen. Wie auch immer der aussieht. Das muss sich nicht äußerlich manifestieren und hat zunächst nichts mit Kirche zu tun. Religio heißt Rückbindung und ist die Anbindung an das große Leben. Und diese Anbindung gibt eine enorme Lebenskraft und Lebensoffenheit.

## Beweglich bleiben

*Wenn du an Gott glaubst, wird er die Hälfte deines Werkes tun. Die zweite Hälfte.*

CYRUS CURTIS

Foto: © Gerd Tatz

Witta Pohl, geboren 1937 in Königsberg: »Lebenssinn ist, Herz im Kopf zu haben«

*Witta Pohl lebt versteckt in einem Häuschen an der Alster. Hinter dem Grundstück ein Flüsschen, ums Haus herum wuchern Büsche und Bäume. Sie zeigt auf einen der vielen Sträucher neben der Haustür: »Den hat mir Günter Strack geschenkt.« In ihrer Wohnküche liegen zwei großen Hunde. Sie hat ein Herz für Tiere. Hunde, Katzen, Eichhörnchen, Vögel, sie liebt sie alle. In der Vogelwelt kennt sie sich aus. »Mein Großvater war Ornithologe, davon habe ich viel mitbekommen. Ich habe hier mein Vogelbestimmungsbuch und kenne alle gängigen Vogelarten. Auch die Vögel kommen zu mir.« Wie die vielen Gäste, die ständig ihr Haus bevölkern. Ihre Kinder, ihre Freunde, alle fühlen sich zu ihr hingezogen. Wir sitzen an einem großen Holztisch. Eine gemütliche Küche, in der oft gekocht wird. Das erkennt man sofort. Die Schauspielerin empfängt mich in Jeans und Pulli, lernt gerade ihre Rolle für das Einpersonenstück »Oskar und die Dame in Rosa«, das sie im Ernst-Deutsch-Theater spielen wird. Später sehe ich sie damit auf der Bühne und bin zu Tränen gerührt. Großartig, wie sie die Dame in Rosa, die einen kleinen unheilbar kranken Jungen bis zum Tod begleitet, gespielt hat. Das Publikum spendet ihr Standing Ovations, sie muss mindestens acht Vorhänge geben und auch sie selbst wischt sich eine Träne aus dem Augenwinkel. Dem Publikum ist die Theater- und Fernsehschauspielerin aus diversen Fernsehstücken und vor allem aus den Fernsehserien »Diese Drombuschs« und »Happy Birthday« bekannt. 1991 rief sie die »Kinderluftbrücke« ins Leben gemäß dem norwegischen Sprichwort »Ein wenig Hilfe muss das Glück schon haben«. Die Organisation, deren Büro auch in ihrem Haus untergebracht ist, sammelt unermüdlich Hilfsgüter und Geldspenden, die sie Kindern in aller Welt, die in Not geraten sind, zukommen lässt. Wenn sie nicht gerade dreht oder Theater spielt, ist Witta Pohl für ihre Kinderluftbrücke unterwegs. Und manchmal, so erzählt sie, möchte sie noch viel mehr leisten. Dann spürt sie ihre Ungeduld. Lächelnd sagt sie: »Ich möchte bisweilen rufen, lieber Gott, gibt mir Geduld, aber bitte sofort.« Sie erzählt:*

Lebenssinn ist, Herz im Kopf zu haben. Ich halte es mit dem Satz: Man sieht nur mit dem Herzen gut, das Wesentliche bleibt dem Geist verborgen.

Aber Lebenssinn ist noch mehr. Auch in dem Wort Unsinn steckt ja das Wort Sinn. Der Chinese sagt etwas Wunderbares: Wenn du es eilig hast, mach einen Umweg. Darin ist das Wort Weg enthalten. Hauptsache, wir bleiben in Bewegung. Das finde ich sinnvoll. Ich habe gelernt, nicht zu verzagen, wenn etwas schief gelaufen ist, wenn ich etwas nicht bekommen habe. Wichtig ist, zu wissen, dass ich mich darum bemüht habe.

Ich glaube, dass wir mehrere Leben haben. Zu der Überzeugung bin ich durch Rückführungen gekommen. Ich glaube auch, dass wir uns für bestimmte Leben entscheiden. Unsere Seelen sagen, ich muss dahin, weil das meine Übung ist. Auch das ist der Sinn des Lebens. Jedes Leben hält bestimmte Übungen für uns bereit, und wir kommen auf die Welt, um sie zu durchleben. Ich betrachte das, was uns im Leben begegnet, nicht nur als Übung, sondern auch als Test, ob wir die Dinge passiv hinnehmen oder ob wir sagen, mal sehen, wie ich damit zurechtkomme.

Ich habe in meinem Leben große Übungen bekommen. Manchmal habe ich die Übungen nicht gleich verstanden. Dann habe ich gebetet und gedacht, ich bin mir sicher, dass mir die Lösung zuteil werden wird. Gleichzeitig ist mir in meinem Leben sehr viel Hilfe geschickt worden. Gerade dann, wenn ich mich so hilflos gefühlt habe.

Meine Zwillinge Florian und Stefanie, die 1967 geboren wurden, waren Frühchen. Ein Jahr lang haben wir um den Sohn gebangt. In der Zeit habe ich ganz viel Kraft von oben bekommen, sonst hätte ich das nicht geschafft.

Wenn man das Wort Schicksal auseinander nimmt, wird einem klar, es ist das, was mir geschickt wird. Sal, Salus bedeutet das Heil. Wir dürfen lernen. Wir lernen nur über den Weg des Erleidens. Nicht, wenn das Leben heil und problemlos dahingeht. Meine Lebenserfahrung ist, es lohnt sich, um die Dinge zu ringen. Nicht schnell aufzugeben. Es lohnt sich, Verlust zu haben, denn das bringt uns weiter.

Ich versuche, immer aktiv zu sein. Ich bin nun mal der unruhige Pol. Die einzige Freiheit, die wir haben, ist, dass wir entscheiden können, wie wir uns zu den Dingen stellen, die uns begegnen. Dass wir die Herausforderungen annehmen. Und wenn man einmal nicht mehr kann, dann ist das auch in Ordnung.

Loslassen ist das große Geheimnis des Lebens. Die wichtigste Übung, die mein ganzes Leben lang immer wieder auf mich zugekommen ist. Dieses ständige Loslassenmüssen war auch immer mit großen Schmerzen verbunden. Man lässt ja nicht so einfach los. Es ist jedes Mal wieder schwer. Wenn wir es leichter empfinden würden, würden wir nicht so viel begreifen.

Dass Loslassen zu meinem Leben gehört, ist mir ziemlich zeitig klar geworden. Ich habe meinen Vater sehr früh verloren, ich war sieben Jahre alt. Das war mein erster großer Abschied. Mein Vater war Arzt, ich bin eins von sechs Geschwistern. Er ist noch am 1. Mai in der Charité erschossen worden. Ich habe Jahre gebraucht, um einigermaßen damit zurechtzukommen. Ich habe zwei Jahre lang Stunden auf einer dicken Eiche gesessen, um Ausschau nach ihm zu halten. Aber dann musste ich begreifen, dass er wirklich tot ist. Das war eine frühe sehr schwere Erfahrung für mich.

Alle sieben Jahre wechseln wir die Haut. Alle sieben Jahre ändert sich das Leben. Ich kann tatsächlich verfolgen, was alles im Siebenjahresrhythmus hat stattfinden dürfen. Meine beiden Ehen haben beispielsweise jeweils sieben Jahre gedauert. Da musste ich lernen zu sagen, weil ich dich so lieb habe, lasse ich dich. Und nicht, weil ich dich so lieb habe, lasse ich dich nicht.

Ich habe einen sehr guten Kontakt zu meiner Intuition, habe mich in meinem Leben auch von meinem Bauch leiten lassen. Geplant habe ich mein Leben überhaupt nicht. Ich habe die Dinge auf mich zukommen lassen. Und es haben sich mir immer Türen geöffnet.

Jeder Tag in meinem Leben ist eine Bereicherung für mich. Jeder Tag, an dem ich lernen darf, an dem ich schauen und hören darf. Ich weiß, dass ich noch einen Augenblick hier bleiben werde und muss. Ich sage mir mit Mörike: »Herr!, schicke, was du willt, / Ein Liebes oder Leides; / Ich bin vergnügt, dass beides / Aus deinen Händen quillt. // Wollest mit Freuden / Und wollest mit Leiden / Mich nicht überschütten! / Doch in der Mitten / Liegt holdes Bescheiden.«

Ich finde das Leben schrecklich schön. Doch nicht jeder Tag ist schön. Ich bin gewillt, beides als Geschenk zu sehen. Entsetzlich und sinnlos wäre es, ich würde auf dem Sofa sitzen und sagen: Es hat ja alles keinen Sinn. Lieber sitze ich dann auf dem Sofa und kann sagen: Ich habe alles versucht. Wenn man etwas versucht, anstatt in die Opferrolle zu gehen und aufzugeben, dann klappt eben doch oft noch etwas. Und wenn nicht, dann habe ich mich zumindest darum bemüht. Dann geht es mir gleich besser. Die Opferrolle finde ich verhängnisvoll.

Heute sehe ich, dass meine Mutter ein Vorbild für mich war. Meine Mutter ist eine tolle Frau. Sie hat sich nie hingesetzt und gesagt: »Ich kann nicht.« Sie hat gekämpft. Wir haben bei Bielefeld auf dem Lande gelebt, und sie hat ihre sechs Kinder alle aufs Gymnasium gebracht, ist dafür zum Bauern arbeiten gegangen.

Jetzt, mit Mitte 90, studiert sie Philosophie und ist verliebt. Sie hat sich mit ihrem Liebsten verlobt. Das ist ein Geschenk vom lieben Gott. Ich sehe das so: Sie bekommt jetzt etwas zurück. Sie bekommt das Glück geschenkt, weil sie durchgehalten hat. Weil sie nie aufgegeben hat. Und so funktioniert das Leben.

Als Kinder haben wir uns einmal der Größe nach vor sie hingestellt und gesagt: »Wenn du wieder heiratest, dann laufen wir dir alle weg.« Wir haben unseren Vater sehr verehrt. Meine Mutter hat nur Gutes über ihn erzählt, damit er positiv in unserer Erinnerung bleibt. Und damit sie selbst weitergehen konnte. Heute meine ich das zu verstehen.

Als Kind habe ich gelitten, weil ich der Sohn werden sollte. Das war ich ja nicht. Dann habe ich gelitten, weil ich glaubte, meine

Schwester sei die Lieblingstochter meiner Mutter. Wir haben am selben Tag Geburtstag. Und immer wieder war sie ein Jahr älter, und ich konnte sie nicht einholen. Immer hatte sie größere Füße als ich, und ich habe heimlich an meinen großen Zehen gezogen. Nach mir kamen endlich zwei Söhne. Auf dem Land hieß ich nur »Buschhexe«. Ich wollte wahrscheinlich auf mich aufmerksam machen. Ich wollte meiner Mutter tausend Mal den Sohn ersetzen. Das war prägend.

Später bin ich vom Gymnasium entfernt worden, weil ich immer den Clown gespielt habe. Ich habe den Clown gespielt, weil ich soviel weinen musste, und das sollte niemand merken. Ich habe nur Blödsinn gemacht. Ich kam dann in ein Schwesternheim, da sollte ich gehorchen lernen.

Mit 17 habe ich meinen Koffer gepackt und meiner Mutter einen Brief geschrieben, ich komme nie mehr wieder. Ich bin mit meinem Koffer nach Berlin zu meinem Großvater und dessen zweiter Frau. Die war früher Schauspielerin. Da habe ich gesagt: »Ich gehe zum Theater.« Schon als Kind habe ich Stücke geschrieben. Jedes der sechs Kinder musste abends eine frei erfundene Geschichte erzählen. Wir hatten ja keine Bücher. Und daraus wurden dann Stücke. Wir hatten vor dem Haus einen Wald, der wurde zur Waldbühne. Da habe ich inszeniert. Meine armen Brüder mussten Hühner und andere Tiere spielen.

In Berlin habe ich mir etwas überlegt. Nämlich, wie es ist, wenn mein Plan schief geht? Und ich dachte, du musst auch etwas Ordentliches lernen. Da habe ich zuerst mein Kosmetikdiplom gemacht. Mit dem Hintergedanken, dann kann ich Maskenbildnerin werden und schon mal hinter der Bühne sein. Meine Mutter hat mich mit der Waisenrente unterstützt, und ich bin in Berlin in ein Altenheim gefahren, habe dort die Alten kosmetisch versorgt und dafür fünf Mark bekommen.

Meine berühmte Schauspiellehrerin Herma Clement sagte: »Witta, wenn du es schaffst, mir zum Monatsanfang eine bestimmte

Summe hinzulegen, bekommst du die Ausbildung billiger.« Ich habe mir so meinen Schauspielunterricht selbst verdient. Ich habe die Eignungsprüfung, Zwischenprüfung und Abschlussprüfung bestanden. Und durch einen Agenten bekam ich ganz schnell ein Angebot zum Vorsprechen. Meiner Mutter schickte ich ein Telegramm: »Meine neue Adresse ist das Staatstheater Kassel.«

Dass Kassel klappen würde, hatte ich schon vorher im Gefühl. Ich war einfach überzeugt, die warten auf mich. Ich war sieben Jahre dort.

Es folgten Engagements in Darmstadt, Zürich und am Schauspielhaus Hamburg.

1991 habe ich die Kinderluftbrücke ins Leben gerufen. Helfen zu wollen, diese Eigenschaft habe ich von klein an. Ich bin vom lieben Gott auch immer dorthin geschickt worden, wo es etwas zu helfen gab, egal ob Menschen oder Tiere in Not waren. Meine Mutter sagte neulich, schau doch mal deine Kinderfotos an. Du hast immer irgendein Tier oder zwei auf dem Arm. Tiere waren mir immer wichtig, bis heute. Tiere sind fantastische Partner.

Dass ich mir ausgerechnet Russland ausgesucht habe, um eine Kinderluftbrücke ins Leben zu rufen, hat einen Grund. Ich wollte gerne die Versöhnung mit den Russen. Ich wollte den Hass, der durch den Krieg entstanden war, beenden. Ich selber hatte keinen Hass.

Das Entstehen der Kinderluftbrücke e.V. Witta Pohl ging über unsere Partnerstadt St. Petersburg und Dr. Henning Voscherau, unseren ehemaligen Hamburger Bürgermeister. Sie steht unter dem Kästner-Motto: »Es gibt nichts Gutes, außer man tut es.« Die Kinderluftbrücke gibt mir viel, aber ich halte auch für vieles den Kopf hin. Die Kosten, die ich trage, sind nicht gerade gering. Inzwischen ist die Kinderluftbrücke nicht nur in Russland aktiv, sondern auch in der Ukraine, in Rumänien und in Bulgarien.

Ich bin nun mal die Mutter der armen Kinder. Ich kann nicht anders. Vielleicht habe ich darüber diejenigen, die mir am meisten bedeuten, manchmal vernachlässigt. In meiner letzten Ehe – mein Mann war Arzt – war vielleicht das Geben und Nehmen nicht immer im Gleichgewicht. Es gibt sicher Paare, die mehr Zeit miteinander verbracht haben als wir.

Ich packe mir immer viel auf. Oft konferiere ich schon morgens um sieben Uhr mit meinen Mitarbeitern von der Kinderluftbrücke, bevor ich dann zu Dreharbeiten gehe. Aber ich muss das tun.

Mit dem Älterwerden beschäftige ich mich mal mehr, mal weniger. Das hängt ja auch immer davon ab, wie man behandelt wird. In Hameln beispielsweise haben wir »Happy Birthday« gedreht. Ich ging durch diese wunderschöne Fußgängerzone. Da kam ein älterer Mann, der guckte mich an und sagte, mein Gott, ist die alt geworden! Ich war im Moment perplex, aber dann habe ich mich fürs Lachen entschieden. Älter werden zu dürfen, kann ja auch ein Geschenk sein. Vor allem, wenn man noch eine Aufgabe hat, wenn man noch gebraucht wird. So sollte man es sehen. Wenn man es nur vom Jugendwahn her sieht, dann bekommt man schnell einen Tritt. Den Jugendwahn, der in unserer Gesellschaft herrscht, finde ich ganz arm.

Doch ändern kann ich es sowieso nicht. Wir werden alle älter und ich habe mich entschieden, lieber lache ich noch fünfmal mehr am Tag. Aber das ist eine persönliche Entscheidung, die jeder treffen muss. Manche lassen sich liften und werden dadurch glücklicher oder auch nicht. Selbst wenn man sich liften lässt, ist man trotzdem genauso alt. Ich bin so weit zu sagen, ich sehe mal zu, wie ich zurechtkomme. Ich will es einfach akzeptieren, dass ich älter werde. Klar, wir werden langsamer. Aber wir denken mehr nach. Wir werden auch langsamer, weil wir uns mehr Gedanken machen.

Von Zipperlein bin ich Gott sei Dank bisher verschont geblieben. Obwohl ich keinen Sport treibe. Ich habe einfach zu viel zu tun. Ich habe mir vorgenommen, ab 80 werde ich Fahrrad fahren. Ich schätze, ich werde 96 Jahre alt, und bis dahin muss ich noch ein paar Runden drehen.

Ich habe in meinem Leben gelernt und lernen müssen, alleine auszukommen. Mit mir. Die Übung ist so lange zu mir gekommen, bis ich es begriffen habe. Ich bin heute keinem gram. Wohl manchmal traurig, was meine Partnerschaften anging. Ich habe gelernt, selbständig zu werden. Und da darf man auch mal weinen. Auch verzweifelt sein. Jede Trennung hat mich mir selbst ein Stück näher gebracht. Ich kenne auch das Gefühl von Einsamkeit. Als Kind, nachdem mein Vater gestorben war, war ich schrecklich einsam. Ich dachte, mich hat keiner lieb.

Allein sein, ohne mich einsam zu fühlen, kann ich heute sehr gut. Ich würde heute sogar sagen, ich komme fast zu gut mit mir allein klar. Aber ich weiß, dass ich auch durch diese Phase hindurch muss. Und dann kommt die nächste Etappe. Mit sich allein sein können und sich mit sich selber wohl zu fühlen, ist ein großes Geschenk. Aber eben auch ein manchmal harter Lernprozess.

Früher war ich nach außen orientiert. Das hat sich mit der Zeit verändert. Ich bin immer mehr zu mir selbst gekommen. Meine Mutter schreibt Gedichte und Prosa, und das haben alle sechs Kinder von ihr mitbekommen. Ich setze mich auch öfter hin und schreibe kleine Gedichte.

Wir haben das Glück mit unserer Mutter und das nächste Glück ist, dass wir uns alle so lieb haben. Wir haben ein sehr liebevolles Familienverhältnis. Auch das ist nicht selbstverständlich. Je älter wir werden, umso besser verstehen wir uns miteinander.

Manchmal denke ich auch an den Tod. Christus letzte Worte waren: »Es ist vollbracht.« Ich finde, man sollte nicht sagen, der oder die musste sterben, sondern, er oder sie durfte sterben. Es ist vollbracht.

Was in den Altenheimen stattfindet, das ist nicht immer so einfach. Weil natürlich die, die verantwortlich sind, immer mehr arbeiten müssen, immer mehr Stellen gekürzt bekommen. Die Leidtragenden sind die Alten. Und das in einer Zeit, wo viele doch ganz leicht 100 Jahre alt werden. Wenn wir das mit dem Mittelalter vergleichen, muss man sogar sagen, wir haben zwei Leben in einem.

Im Moment habe ich das Glück, ein Angebot nach dem anderen zu bekommen, so dass ich leider und mit großem Bedauern gerade ein Stück mit Dieter Wedel absagen musste, weil ich »Oskar und die Dame in Rosa« am Ernst-Deutsch-Theater spiele.

Je älter ich werde, umso größer wird mein Lampenfieber. Edda Seipel hat einst zu mir gesagt, Kind, du wirst noch an mich denken. Je älter du wirst, desto schlimmer wird das Lampenfieber. Weil du immer stärker die Verantwortung spürst. Aber eine gewisse Nervosität ist wichtig, die kleine Portion Angst gehört dazu.

Die Zukunft plane ich nicht, aber ich möchte noch meine kleinen westfälischen Geschichten aufschreiben. Ideen zum Schreiben habe ich dauernd, aber ich mache immer viel zu viel andere Dinge. Kommt Zeit, kommt Rat. Auf keinen Fall lege ich mich aufs Sofa. Wenn ich meinen Platz im Leben gefunden habe und ausstrahle, dass man Vertrauen zu mir haben kann, mir glaubt, dann bin ich glücklich. Dass ich heute hier versteckt in meinem kleinen Häuschen in Hamburg an der Alster sitzen darf, das ich allein abbezahlt habe, dass ich sehr wenig in Urlaub gefahren bin, um das zu schaffen, das ist ein Glück. Ohne Hilfe von oben in Form von guten Freunden oder auch Engagements, die alle zur rechten Zeit geschickt wurden, wäre das nicht gegangen. Ich kann heute sagen, ich habe meinen Platz im Leben gefunden.

# Bei sich sein

*Am Anfang gehören alle Gedanken der Liebe. Später gehört dann alle Liebe den Gedanken.*

Albert Einstein

Foto: © Ruth Kappus

Rosel Zech, geboren 1942 in Berlin: »Ich habe gelernt, mit mir selbst auszukommen«

*Ein Film mit Rosel Zech, den ich wohl fünfmal gesehen habe, ist der Fassbinder-Film »Die Sehnsucht der Veronika Voss«. In diesem Werk spielt sie eine ihrer Glanzrollen. Unter Fassbinder drehte die vielseitige Schauspielerin ihre spektakulärsten Filme. Sie gilt aber auch als eine der ganz großen Theaterschauspielerinnen.*

*Ob auf der Theaterbühne, in Kino- oder Fernsehfilmen, Rosel Zech ist nicht auf einen bestimmten Frauentyp festgelegt. Sie hat die klassische Königin genauso dargestellt wie die mondäne Filmdiva, den verlogenen Schurken, das sinnliche Freudenmädchen. Sie spielt Ehefrauen, Mütter, Schwiegermütter, Karrierefrauen und zurzeit eine Nonne.*

*Für ihre »Hedda Gabler« am Schauspielhaus Bochum wurde sie zur Schauspielerin des Jahres gewählt. Für den Fernsehfilm »Mascha« bekam sie den Deutschen Darstellerpreis. Im Fernsehen kennt man sie unter anderem aus den Serien »Die Knapp-Familie« und »Um Himmels willen«.*

*Wir treffen uns in Hamburg im Foyer des Hotels »Atlantik« zum Gespräch. Es herrscht typisches Hamburger Schmuddelwetter und Rosel Zech kommt ungeschminkt, mit zerzausten Haaren, in Jeans, Rollkragenpulli, Turnschuhen und Friesennerz. Sie will später noch an der Alster spazieren gehen. Sie probt im Hamburger Schauspielhaus gerade das Theaterstück »Ein spanisches Stück« von Yasmina Reza und fiebert schon ein bisschen der Premiere entgegen. Kaum sitzen wir, erzählt sie von ihrer Rolle, und plötzlich fängt sie an zu rezitieren, geht, ohne sich um die Herumsitzenden zu scheren, in ihre Rolle und sagt mit Temperament und Gestik ihren Text auf.*

*Dann lehnt sie sich zufrieden in ihren Sessel zurück, kramt in ihrer Tasche und fördert zwei dicke saftige Äpfel zutage. »Wollen wir einen Apfel essen?«, fragt sie und bietet mir einen an. Herzhaft beißt sie in ihren. Dann bestellt sie Tee. Sie erzählt:*

Als ich gelernt habe, mich wirklich um mich selbst zu kümmern, war ich schon ziemlich alt, so um die 50. Und um mich selbst kümmern heißt für mich: Nicht mehr unbedingt jemanden brauchen zu müssen. Zum Beispiel Einsamkeit mit mir selbst auszumachen. Das finde ich bis jetzt noch aufregend, anstrengend und spannend. Vielleicht spüren Männer das und trauen sich nicht heran? Weil sie sehen, sie kommt mit sich selbst klar.

Viele Erfahrungen im Leben waren Erfahrungen mit Männern, und es waren Verlassenheitsgeschichten. Ich hätte mir schon sehr gewünscht, jemanden an meiner Seite zu haben. Ich habe eine Ergänzung gesucht, und es hat selten funktioniert. Lange Zeit habe ich gedacht, es würde an mir liegen. Inzwischen glaube ich, es lag nicht nur an mir, sondern ich habe diesen Mann, mit dem das vielleicht möglich gewesen wäre, nie kennen gelernt. Meine längste Partnerschaft hat sieben Jahre gedauert.

Meistens waren Männer eifersüchtig auf meinen Beruf, eifersüchtig auf die Kraft, die ich dort gelassen habe. Damit können wenige Männer umgehen. Ich habe mir wohl sehr oft unselbständige Männer gesucht. Letztendlich wollten die eine Frau, die da ist, die ihnen zuhört und sie liebt. Männer sind ja einfach gestrickt und vielleicht sollte man sie gar nicht so ernst nehmen. Das habe ich aber erst später im Leben entdeckt. Trotzdem liebe ich sie.

Meine schönsten Liebesbeziehungen hatte ich zwischen 40 und 50. Und ich fand es schon schade für mich, dass ich den Spaß am Sex so spät entdeckte, wo andere ja schon Großmütter sind. Und dann lernte ich keine Männer kennen, die das mit mir tun wollten. Männer in dem Alter wollen ja viel jüngere.

Ich weiß, dass ich eine starke Frau bin. Um Liebe zu bekommen, um die Beziehung zu behalten, habe ich mich oft kleiner gemacht. Das war ein Fehler. Das war Unsinn. Ich habe also oft erlebt, dass, wenn ich schwach war, mein Partner verstört war und damit nichts anfangen konnte. Er hatte sich eigentlich in die tolle Schauspielerin verliebt und gar nicht in die Rosel, die ich auch noch bin. Irgendwann habe ich mir gesagt, ich kümmere mich in Zukunft ausschließlich um mich. Wenn man niemanden mehr hat, hat man ja immer noch sich selber.

Ich lebe viel mehr gern oder viel gerner als früher, um mich einmal so auszudrücken. Weil ich weniger Angst habe, weil ich lerne loszulassen. Früher habe ich alle Lebenssituationen kontrollieren wollen, und wenn etwas nicht funktionierte, hat mich das völlig aus der Bahn geworfen. Ich hatte Angst, mir entgleitet etwas.

Was musste ich lernen? Ich musste im Beruf und im Leben Humor und Distanz lernen. Zum Beispiel bei der Arbeit auf der Bühne: In Hamburg spielte ich mal (es ist lange her) eine sehr ernste Szene und die Zuschauer lachten. Ich fragte mich, warum? Die Antwort war, dass ich sie ohne meine wirkliche Lebenserfahrung gespielt habe. Ich musste lernen, Humor zu entwickeln, mich nicht so wichtig zu nehmen, am Scheitern zu lernen. Mit Humor bin ich von Haus aus nicht gerade gesegnet. Der Zuschauer merkt, ob ein Schauspieler in seinem Leben etwas bewältigt hat. Ob er Lebenserfahrung hat oder alles mit Theatermitteln löst. Ich habe damals das Leben sehr wenig hereingelassen, weil ich ununterbrochen gearbeitet habe. Mich im Kunstbereich aufgehalten habe. In den ersten Jahren hat Kunst mich aber auch gerettet.

Als Schauspieler lebt man oft in anderen Bereichen. Das habe ich aber immer genossen und genieße es bis jetzt. Nun kommt hinzu, dass ich auch das Leben liebe, weil ich denke, dass mein Verstand und mein Gefühlsleben sich erweitert haben. Weil mir viel mehr Dinge bewusst werden und weil ich viel mehr Dinge sehe. Darüber freue ich mich.

Zum Beispiel freue ich mich über das Licht am Himmel, egal ob im Frühling, Sommer, Herbst oder Winter. Ich nehme es wahr. Ich erlebe auch Menschen anders. Vielleicht, weil ich anders auf sie zugehe. Und ich lasse mich eher berühren.

Ich lerne auch, langsamer zu sein. Und es nicht als langweilig abzutun, sondern ich entdecke die Langsamkeit. Ich entdecke sogar in meiner Arbeit, dass ich jetzt nicht mehr über Empfindungen hinweghusche. Ich verlangsame sie. Das ist oft besser.

Mir Zeit für mich nehmen, nicht immer hektisch den Tag ausfüllen mit Dingen, die ich machen muss – ein Lernprozess. Heute wird man immer gefragt: »Was machst du?« »Wie geht es dir?« heißt im Grunde auch: »Was machst du?« Wenn man dann sagt: »Nichts, ich lebe«, heißt es: »Weiß sie sich nicht zu beschäftigen?« Und man wird ratlos angesehen. Oder man sagt: »Du lebst doch in einer großen Stadt, da gibt es Veranstaltungen, Ausstellungen.« Dass man seinen Tag ausfüllt ohne das alles, dass man sagt: »Da gehe ich nicht hin, ich lebe einfach nur, ich denke nach«, verstehen die wenigsten. Oft allerdings ertrage ich die Zeit.

Dass ich Schauspielerin werden wollte, habe ich schon als Kind gewusst. Davon konnte mich keiner abbringen. Ich bin immer ins Kino gegangen. Das Leben der Helden und Heldinnen fand ich spannend. Als ich erfuhr, dass man das als Beruf machen kann, dachte ich, das mache ich.

In den ersten 20 Jahren war es ein Überlebenskampf, meinen Platz zu finden, überhaupt erst mal eine Bühne zu finden. Es ging in der Zeit immer nur darum, am Leben zu bleiben, die Existenz zu sichern. Ich habe dabei tief gewusst, ich muss jemanden finden, der mich erkennt und der das, was ich in mir habe, nimmt und fördert. Alleine konnte ich das nicht. Ich bin durch ganz Westdeutschland gereist, habe mich beworben, Briefe geschrieben, vorgesprochen. Keiner hat mich genommen, bis ich endlich in Landshut landete. Dort habe ich lange gespielt. Dann kam Wuppertal.

Dort habe ich Peter Zadek kennen gelernt, und das war der Wendepunkt. Er war Regisseur in Bremen, ging nach Wuppertal. Er besetzte mich in seinem Stück »Der Pott« von O'Casey, und ich sah, wie er mit Schauspielern umging. Besonders mit einer alten Schauspielerin. Als ich das beobachtet habe, dachte ich, wenn ich mit dem nicht arbeiten kann, bin ich schuld. Nicht er. Mit dem muss ich arbeiten.

Dieser Mann hat alles aus mir herausgeholt, was in mir steckte. Er hat mich inspiriert, und wie bei allen guten Regisseuren machte die Arbeit auch noch großen Spaß. Es kamen Stuttgart und Bochum. Die Bochumer Jahre, überhaupt die Jahre mit Zadek waren sehr wichtig für meine Entwicklung.

Privat waren wir eine Zeit lang liiert. Aber erst nachdem unser privates Verhältnis vorbei war, haben wir die ganz großen Sachen gemacht. Ich wusste immer, diese Arbeit mit ihm ist so etwas Wunderbares, die muss noch über unsere private Beziehung hinausgehen. Darum hat das funktioniert, die Arbeit über die privaten Empfindlichkeiten zu stellen.

Die nächste spannende Arbeit war die mit Fassbinder. Diesen Mann habe ich wirklich verehrt und ich glaube, dass er das einzige Genie war, das ich kennen lernen durfte. Er hat mich gefördert und ich habe ihn immer empfunden wie einen großen Bruder. Geschätzt habe ich seine Verletzbarkeit, seine Aufmerksamkeit, seine Genauigkeit, seine Wildheit, seine Liebe für die Schauspieler: Ich habe mich bei ihm auch immer sicher gefühlt. Ein Gefühl, das ich bei anderen Regisseuren seltener empfinde.

Nach dem Tod von Fassbinder 1982 musste ich dann am Theater richtig von vorn anfangen. Der Zadek hat mich nach Fassbinder nicht mehr beschäftigt. Ihn zu verlassen war damals ein Sakrileg. Er fand ja auch neue und tolle Schauspielerinnen.

Als ich mich nach dem Tod von Fassbinder heimatlos gefühlt habe, war das eine Krise, die ich auch als Chance begriffen habe. Die Jahre zwischen 40 und 60 waren schöne, schwierige Jahre, noch einmal richtige Lernjahre, mehr als die Anfängerjahre.

Hin und wieder habe ich auch etwas Gutes gemacht, aber selten geleuchtet. Ich musste lernen, einfach meinen Beruf auszuüben, auch mit Leuten zu arbeiten, die nicht im Rampenlicht standen. Die keine Koryphäen sind. Ich habe mir immer gesagt, das ist in Ordnung, das müssen andere auch. Ich habe das als Chance gesehen, mich im Leben zu bewähren.

Die Wechseljahre waren schwierig. Weil mein Körper sich plötzlich gemeldet hat. Hitzewallungen, die man ständig bekam. Ich dachte, das sieht jetzt jeder, dass ich schweißnass bin. Ich überlegte, wie ist jetzt nur der Text? Das war furchtbar. Das war wirklich einschneidend, und ich hatte viele Jahre damit zu tun. Schließlich bin ich zu einer Ärztin gegangen, und die verschrieb mir Hormone. Das war wunderbar, ich fühlte mich bestens, habe mir die Hormone immer weiter verschreiben lassen. Irgendwann, nach einiger Zeit, dachte ich, du müsstest wieder mal zur Untersuchung gehen. Und da bekam ich einen miserablen Befund: Krebs. Das war 1995. Ich musste sofort operiert werden. Danach konnte ich keine Hormone mehr nehmen, denn bei mir wirkten sie tumorfördernd.

Es war schon eine Zäsur, aber kein wirklicher Einschnitt. Ich war sicher, das überwinde ich. Ich hatte den besten Operateur, meine Mutter hat sich wunderbar um mich gekümmert. Danach habe ich weitergespielt. Mein Arzt hat gesagt, er hätte selten jemanden erlebt, der so offensiv mit einer Krankheit umgegangen ist. Nun, ich hatte wohl Glück und einfach die innere Gewissheit, der liebe Gott hat das Sterben noch nicht mit mir vor. Ich hatte Kraft und war Optimist. Aber auch wenn es anders gewesen wäre, hätte ich mich einverstanden erklärt.

Im Sommer war ich sechs Wochen bei meiner Mutter bei Bremen. Wenn ich dahin komme, treffe ich Leute, die ich von früher kenne. In meinem Beruf konserviert man sich ja meistens, nur nicht älter werden. Und nun treffe ich dort Menschen, die einfach älter geworden sind. Das beruhigt mich. Wir haben etwas Gemeinsames und zeigen es auch.

Früher wollte ich nichts wie raus aus dem kleinen Ort, weg und nie mehr zurückkommen. Jetzt komme ich zurück und finde das Zurückkommen gar nicht so schlecht. Dass die alten Dinge noch da sind und ich Erinnerungen zulasse.

Mir fällt dabei ein Zitat von Jean Paul ein: Die Erinnerung ist das einzige Paradies, aus dem man nicht vertrieben wird. Früher wollte ich immer schnell vergessen. Heute sehe ich, die Erinnerung ist eine Bereicherung.

Meinen jetzigen Lebensabschnitt empfinde ich als intensiv. Man muss lernen, mit dem Körper, auch wenn man gesund ist, gut umzugehen. Der Körper ist ja der andere Partner, den man hat, und den muss man ernst nehmen.

Im Augenblick bin ich glücklich, dass ich für mein Alter noch richtig schöne Angebote habe. Ich arbeite mit jungen Regisseuren, was manchmal furchtbar anstrengend ist, weil sie den tiefen Teller immer noch einmal neu erfinden wollen. Aber der ist schon erfunden. Dass es für mein Alter schöne Rollen gibt, ist neu.

Mit Fältchen habe ich kein Problem, weil ich über Schönheit nie definiert war. Dass man äußerlich älter wird, hat mir weniger Schwierigkeiten bereitet, als die Erfahrungen des Lebens zu verarbeiten und trotzdem lustig zu bleiben. Ich will nicht mehr die 40-Jährigen spielen. Ein paar Jahre jünger kann ich noch spielen. Aber die Fältchen sind nun mal da, und die will ich auch nicht verleugnen. Vor einem Lifting hätte ich Angst. Ich habe einige Kolleginnen, die geliftet sind. Bei einer hat es mich geradezu entsetzt. Die ist so glatt geliftet, die wirkt wie ein Totenkopf. Das sieht entsetzlich aus, weil das Gesicht nicht mehr lebt. Ich finde, man muss auch mal abgeben. Ich kann ja nicht immerzu gleich bleiben. Ich muss ja auch mal die Alten, die noch Älteren und die ganz Alten spielen. Und vielleicht will ich irgendwann gar nicht mehr spielen, weil es Interessanteres gibt.

Ich habe neulich im Fernsehen eine Kollegin gesehen, bei Fliege. Sie sah ziemlich mitgenommen und alt aus. Es ging um Frauen um 60, die noch mal einen neuen Partner haben. Die Kollegin hat einen sehr viel jüngeren Mann geheiratet. Da dachte ich, Mensch, die hat Mut. Obwohl die so ramponiert aussah, strahlte sie trotzdem einen unerhörten Lebenswillen aus. Da habe ich verstanden, warum dieser viel jüngere Mann diese Frau geheiratet hat. Diese Vitalität in ihren Augen hat mich sehr beeindruckt. Die Attraktivität im Alter hängt mit Humor und mit Vitalität zusammen.

Ich habe mein Leben lang viel gearbeitet. Wenn ich das erzähle, kommt von Journalisten die Frage, wo bleiben die Kinder? Da könnte ich ganz platt sagen, dass die Rollen meine Kinder sind. Ich hatte immer so viel mit mir und damit zu tun, die Welt zu entdecken und mich zu entdecken, dass ich zu anderen Sachen einfach nicht kam. Ich war ja selber immer ein Kind. Für mich zählte in erster Linie, eine Rolle hinzubekommen. Sie so zu spielen, dass man fliegt. Über die durchschnittliche Gestaltung hinaus.

Es gab auch keine Männer, die von mir Kinder wollten. Insofern war das kein Thema und es gab auch keinen Abschied vom Kinderwunsch.

Ich denke, gegen sein Schicksal kann keiner an. Da habe ich Gottvertrauen. Ich kann mich nur fragen, wie stelle ich mich zu meinem Schicksal? Wie es verläuft, kann ich nicht beeinflussen.

Fehler und Umwege müssen auch sein. Das Leben ist ja keine Schule, wo man keine Fehler machen darf. Man muss Fehler machen. Und wenn man sie einsieht, kann man von Glück sagen.

Ich kann einiges wegstecken. Andere sagen dann immer, Mensch, die ist gnadenlos. Gnadenlos bin ich nicht, aber diszipliniert. Ich liebe Disziplin. Doch etwas gnädiger mit mir werde ich schon. Ich vergebe mir zum Beispiel eine schlechte Vorstellung oder einen schlechten Drehtag. Früher hätte ich mich zerfleischt.

Man denkt immer, man würde alles in der Hand haben, aber meistens läuft man ja hinterher. Andere für etwas verantwortlich machen ist nicht gut. Man muss auch das Scheitern annehmen. Wenn eine Rolle nicht wirklich als großer Wurf gelungen ist, muss man lernen, dazu zu stehen. Wenn man das Scheitern akzeptiert, setzt man wieder Kräfte frei. Manchmal muss man Dinge tun in dem Bewusstsein, dass sie nicht vollkommen sind. Man kommt nur ganz wenige Male an hundert Prozent.

Mein größter persönlicher Erfolg ist, dass ich gelernt habe, Humor zu entwickeln. Dass ich nicht verbittert bin. Dass ich mich in dem, was ich immer machen wollte, ausdrücken kann.

## Nicht an Abstieg denken

*Man altert nur von 25 bis 30. Was sich bis dahin erhält, wird sich wohl auf immer erhalten.*

Friedrich Hebbel

Heide Simonis, geboren 1943 in Bonn: »Nach der Lebensmitte geht es eher bergauf«

*Ihr Motto scheint zu sein: Älter werde ich später. Schleswig-Holsteins Ex-Ministerpräsidentin Heide Simonis empfängt mich in einem klassischen schwarzen Hosenanzug, trägt dazu ein farbenfrohes Tuch und trinkt Tee. Die einzige Frau Deutschlands, die zwölf Jahre an der Spitze einer Landesregierung gestanden hat, die 1993 erstmals von der Mehrheit des schleswig-holsteinischen Landtages zur Ministerpräsidentin gewählt und bei der Landtagswahl im Jahr 2005 von einem Verräter gestürzt wurde, wirkt nachdenklich, aber auch fröhlich. Sie wird ihrem Ruf als »Häuptling schnelle Zunge« gerecht. Beim Abtippen des Bandes stelle ich später fest, dass sie auf der Bandlänge, die bei anderen Interviews zehn Seiten ergeben hat, fünf Seiten mehr gesprochen hat, also insgesamt 15 Seiten. Das finde ich bewundernswert, denn wer so schnell spricht, denkt ja auch schnell. Vor unserem Treffen habe ich ihre Biografie »Unter Männern« gelesen und stellte bei der Lektüre erstaunt fest, dass ich das Buch gar nicht zur Seite legen mochte. Frau Simonis hat nicht nur fesselnd, sondern mit überaus köstlichem Humor geschrieben. An manchen Stellen musste ich laut lachen. So ist sie auch im Interview. Heide Simonis, die Ökonomie und Soziologie in Erlangen und Kiel studiert hat und 1967 ihr Examen als Diplom-Volkswirtin machte, hat einen trockenen Humor. Ob sie über ihre zwei Schwestern, ihren Mann oder über Politik erzählt, immer steckt ein gewisser Schalk in ihren Worten.*

*1967 trat sie in die SPD ein. Sie legte dort eine steile Karriere hin, war von 1976 bis 1988 Mitglied des Deutschen Bundestages und Mitglied im Haushaltsausschuss. 1988 wurde die Politikerin, die überwiegend schwarz, niemals Rüschen und liebend gern Hüte trägt und der Meinung ist: »Frauen, die in der Politik etwas werden wollen, sollten sich nicht sexy oder auffällig kleiden«, Finanzministerin im Kabinett Björn Engholms. In ihrer Freizeit liebt sie es, auf Flohmärkten herumzustöbern, und versprach einmal: »Einen Flohmarktführer werde ich irgendwann auch noch schreiben.« Heide Simonis hat eine gesunde Portion Distanz zu sich selbst, nimmt sich nicht übertrieben wichtig. Sie erzählt:*

Ich habe generell etwas gegen Pauschalisierungen. Dass man zum Beispiel sagt, nach der Lebensmitte geht es bergab. Das stimmt nicht. In der Kategorie »Es geht bergab« würde ich nicht einmal denken, wenn ich krank bin.

Wenn ich mir mein Leben anschaue und mit dem vergleiche, was andere Leute durchleben und durchleiden müssen, muss ich sagen, ich habe richtig Glück gehabt. Ich bin gesund, ich habe die Möglichkeit, Einfluss zu nehmen. Ich lerne viele Menschen kennen, ich lerne spannende Menschen kennen. Ich kann für Dinge kämpfen. Ich habe ein wohlgeordnetes, wohlsortiertes, mit Arbeit angefülltes und abgesichertes Leben.

Es gab keinen Schicksalsschlag, nichts Lebensbedrohliches, keine Krise oder Krankheit, wo ich hätte sagen müssen, nun muss ich die Weichen völlig neu stellen. Es wäre also zynisch, wenn ich mich beschweren oder beklagen würde. Das wäre auch bitter ungerecht. Was sollen dann andere Leute sagen? Ich bin sehr dankbar für mein Glück.

Ich erinnere mich an eine Geschichte, die passierte in Italien. Diese Geschichte ist vielleicht eine gute Metapher für mein Leben. Dort habe ich als Kind einen Kopfsprung in viel zu niedriges Wasser gemacht und bin mit dem Kopf auf den Boden aufgeschlagen. Andere Leute hätten dadurch einen Wirbelbruch erlitten oder eine Gehirnerschütterung davongetragen. Ich hatte nur eine Beule, und die verschwand bald wieder.

Offensichtlich bin ich ein zäher Brocken. Wenn ich etwas weniger zäh gewesen wäre, hätte meine Entwicklung in eine andere Richtung gehen können. Bei mir war immer die Antriebsfeder: Ich werde es euch noch zeigen. Wenn es Probleme gab, hat das eher meinen Ehrgeiz angestachelt.

Meine Kindheit ist allerdings nicht in die heile Welt der Bilderbuchfamilien einzuordnen. Sie ist sicher auch ein Beispiel, dass Umstände, die bei anderen beschädigend sind, zu positiven Triebkräften in der Entwicklung werden können.

Ich bin die älteste von drei Schwestern. Meine frühesten Erinnerungen stammen aus meiner Zeit in Kinderheimen, wo ich immer wieder Wochen und Monate zubrachte, weil ich als Kind schweres Asthma hatte.

Meine Mutter war eine sehr tüchtige, lebensbejahende Frau und wäre sehr gerne berufstätig gewesen, was für uns alle wohl auch besser gewesen wäre. Mein Vater jedoch wollte nicht, dass meine Mutter als Sekretärin tätig war. Das war ein kleiner Standesdünkel, den er sich geleistet hat. Meine Mutter aber hasste die Arbeit im Haushalt, kochte nicht gern, überließ die meiste Hausarbeit uns Kindern und zog sich häufig mit Migräne zurück. Anfälle bekam sie immer, wenn ihr etwas nicht passte. Sie litt demonstrativ, unüberhörbar und unübersehbar.

Zu meiner Mutter hatte besonders ich ein schwieriges Verhältnis. An mir hat sie ihren Frust stärker abreagiert als an meinen beiden Schwestern. Meine Mutter neigte beispielsweise dazu, sehr laut zu werden, konnte anfangen zu schreien. Dadurch habe ich allerdings gelernt wegzustecken. Ich kann seither wunderbar wegstecken. In solchen Situationen habe ich gelernt, die Tür hinter mir zuzumachen, und dann war es gut.

In meiner Jugend hatte ich kein gutes Selbstbild – und das hat ziemlich lange angehalten. Wenn man jeden Tag gesagt bekommt, du wirst in der Gosse landen, ist es schwer, sich mit einem positiven Selbstbild auszustatten. Meine Mutter hat mir immer erzählt, dass ich zu dumm sei, etwas Vernünftiges zu lernen. Dass ich später allenfalls als Friseuse meine Schwestern schön frisieren könne, wenn sie denn zu großen Bällen gingen. Daraus resultierte, dass ich mich hässlich, mager und viel zu groß fand. Ich war die Längste in der Familie, war auch keine besonders gute Schülerin, kam aber immer durch. Das Gegängeltwerden hat bei mir nicht zu Resignation geführt, sondern dazu, dass ich Widerstandskraft und Durchhaltevermögen entwickelte, Eigenschaften, die mir in der Politik immer genützt haben.

Während unsere mit ihrem Leben eher unzufriedene Mutter uns gedeckelt hat, hat unser sanfter Vater uns geliebt und unterstützt. Es war ein Glück, dass mein Vater »nur« drei Mädchen hatte. Er hat daraus die Konsequenz gezogen, dass wir alle drei genauso interessant seien wie Jungen. Als preußischer Offizier hat er allerdings eine große Disziplin von uns gefordert, hat viel von uns verlangt.

Mein Vater hatte nicht immer die Stärke, sich gegen unsere Mutter durchzusetzen, aber er hat auf seine Art geschafft, uns zu umsorgen. Er hat ausgeglichen, was die Mutter uns an Schwierigkeiten in den Weg gelegt hat. Ihr konnten wir nichts wirklich recht machen.

Als wir vor der Frage standen: Studium ja oder nein, hat meine Mutter mit einem klaren Nein geantwortet. Mein Vater hat das dagegen eindeutig mit Ja beantwortet. Also durfte ich Abitur machen und studieren. Und ich musste nicht Lehrerin werden, wie meine Mutter das am liebsten gesehen hätte. Ich habe Volkswirtschaft studiert.

Bis ich 20 Jahre alt war, war bei mir schlicht Opposition angesagt. Ich wollte der Fuchtel meiner Mutter entschwinden und schnell erwachsen werden. Damals wurde man aber erst mit 21 Jahren volljährig. Da war also Rebellion an der Tagesordnung und der Versuch, so schnell wie möglich auf eigene Beine zu kommen.

Natürlich haben wir irgendwann aufgehört, unsere Meinungsverschiedenheiten akut auszutragen, was sicher dazu beigetragen hat, dass ich bis heute keine Auseinandersetzung scheue.

Erst als Studentin entwickelte ich ein besseres Selbstwertgefühl. Ich zog mit meiner Clique herum, in der ich anerkannt war. Ich fühlte mich akzeptiert und konnte zum ersten Mal in meinem Leben frei durchatmen. Ich genoss meine Freiheiten.

Während des Studiums lernte ich meinen späteren Mann Udo kennen. Er war der Erste und Einzige, den ich heiraten wollte, obwohl ich ihn anfangs etwas dröge fand. Damals war er noch Assistent an der Uni. Udo war, was die Wissenschaft anging, immer der Brillantere von uns beiden.

Was ich an meinem Mann sehr schätze, sind seine Zuverlässigkeit und seine ruhige Art. Er ist auch ausgesprochen hilfsbereit. Er ist der Fels in der Brandung, aber auch manchmal der zerstreute Professor. Doch wenn er merkt, dass ich ihn wirklich brauche, dann kommt er. Wir haben höchst gegensätzliche Temperamente, aber ähnliche weltanschaulich-politische Wertvorstellungen.

Dass unsere Ehe seit fast 40 Jahren funktioniert, liegt aber daran, dass jeder sein Eigenleben hat. Es steht keiner im Schatten des anderen. Es ist keiner der Star, und der andere arbeitet nur zu – wie das ja viele Frauen von Politikern tun. Die nehmen Anrufe entgegen, machen Termine, organisieren Veranstaltungen, halten dem Mann den Rücken frei. Bei uns ist es nicht so.

Man kann zwar stöhnen, schon wieder keine Zeit, schon wieder fällt etwas ins Wasser, schon wieder bekommen wir es nicht gemeinsam organisiert. Aber man fühlt sich nicht zurückgestoßen. Wenn ich den vierten oder fünften Sonntag nicht da bin, gibt es natürlich auch mal Diskussionen. Dann kommt die Frage, muss das sein? Wir werden aber ganz gut damit fertig. Denn wir haben natürlich auch immer wenig Zeit gehabt, Riesenauseinandersetzungen zu führen. Heute, wenn wir das Wochenende ganz für uns haben, sagen wir, was sollen wir uns zanken. Genießen wir doch lieber unsere gemeinsame Zeit.

In jungen Jahren waren die Auseinandersetzungen allerdings größer. Da hatten wir, wenn wir uns trafen, unterschiedliche Erwartungen. Ich wollte ausspannen und erzählen. Mein Mann wollte das aber auch. Wenn wir in Urlaub fuhren, wurde es ganz schwierig. Das erforderte immer eine große Umstellung. Da kam es dann manchmal zu Streitigkeiten und ich sagte an der italienischen Grenze, halt an, ich steig aus, das halte ich nicht aus.

Die Beziehung zu meinem Mann hat verschiedene Phasen durchlaufen. Vieles, was wir durchmachen mussten, hängt, wie ich vermute, mit mir und meinem schwierigen Verhältnis zu meiner Mutter zusammen. In meinem Elternhaus hatte ich immer das Gefühl, vor Wände zu laufen, mich gegen Einengung wehren und um Freiraum kämpfen zu müssen. Noch heute kann ich ausrasten, wenn ich das Gefühl habe, mein Mann will mir Vorschriften machen. Ich habe lange gebraucht, bis ich mich selber durchschaut und gemerkt habe: Da laufen doch immer die gleichen Prozesse ab.

Mein Mann ist inzwischen pensioniert und jetzt öfter in Kiel als früher. In Berlin ist er nur noch zwei, nicht mehr vier Wochen im Monat. Öfter zusammen zu sein, ist schon eine Umstellung. Allein die Frage, was machst du jetzt, Schätzchen? Wo gehst du hin, Schätzchen? Mit diesen Fragen zeigt mein Mann Interesse an dem, was ich tue. Und die Fragen sind sicher gut gemeint. Aber ich bin es nicht gewohnt, denke, mein Gott, was fragt er denn immer? Möglicherweise gehe ich meinem Mann ja genauso auf den Keks, wenn ich bei ihm in Berlin bin und frage, was machst du gerade? Wir haben deswegen aber keinen Streit. Gott sei Dank.

Wir haben in Kiel eine große Wohnung. Jeder hat seinen Bereich, so dass wir uns nicht zu eng auf der Pelle hocken. Wir haben auch zwei Badezimmer. Jedes mit zwei Spülsteinen. Und was passiert? Wir stehen nebeneinander in einem Bad und putzen uns die Zähne.

Wenn er zu Hause ist, stehe ich vor der Frage, wie ernähre ich einen Mann, der nicht kochen kann? Mein Mann kann nicht kochen, aber er bemüht sich im Haushalt, kauft ein, leert den Mülleimer, macht die Betten und füllt die Waschmaschine. Natürlich könnten wir essen gehen. Das wollen wir aber nicht jeden Tag. Da gibt es dann abends gerade mal Schinken, Käse und Schwarzbrot, Schwarzbrot, Käse und Schinken. Zur Abwechslung Mozzarella mit Tomaten.

Bei einem älteren Ehepaar schleichen sich auch schöne Sachen ein. Wenn man merkt, dass der andere die gleichen Sachen wunderbar findet. Oder auch, wenn man dem anderen einen Gefallen tun möchte.

Kinder mag ich sehr. Doch ein Kind hat sich bei meinem Mann und mir nicht ergeben. Zuerst hatte mein Mann seine Habilitation, die zu Ende geschrieben werden musste. Dann kamen meine Sachen, die ich durchziehen wollte. Schließlich wollten wir zusammen ins Ausland gehen. Ich wollte endlich richtig in meinem erlernten Beruf als Volkswirtin arbeiten. Als mein Mann in Berlin Professor geworden war, kam ich in Bonn in den Bundestag. Da war ich 33 Jahre, nicht alt, aber beruflich voll vereinnahmt. Die Zeit rannte, und irgendwann mit über 40 merkte ich, es hat keinen Zweck mehr, irgendwelche Klimmzüge zu machen. Wir haben uns aber nie Vorwürfe gemacht oder gesagt, hätten wir doch bloß rechtzeitig ein Kind bekommen. Diesen »klassischen« Abschied vom Kinderwunsch habe ich nicht durchleben müssen. Ich wollte in meinem Bereich in der Politik etwas schaffen. Ich denke, ich habe gute Ziele gefunden. Ich engagiere mich stark bei Unicef und bin überzeugt, man kann sich gut um Kinder kümmern, ohne eigene zu haben. So habe ich es auch einfacher. Es quietscht keines in der Nacht, es kommt keines spät nach Hause, hängt am Joint oder mault herum. Ich bekomme die Kinder immer in der Position derjenigen, die helfen, etwas organisieren, etwas verbessern kann.

Zwischen 25 und 30 Jahren war ich mit meinem Mann in Afrika und in Japan. Veränderungen in meinem Leben haben bei mir viel mit meinen Erlebnissen in Entwicklungsländern zu tun. In Sambia habe ich gesehen, dass die afrikanischen Frauen diejenigen waren, die auf den Markt gingen und verkauften, die dafür sorgten, dass die Kinder in die Schule gingen und etwas zu essen bekamen. Dort konnte ich eine Menge lernen über die Kraft von Frauen.

Die Berufe, die ich im Ausland ausübte, waren Lehren für den Rest des Lebens. Mein Interesse für Entwicklungsfragen, mein Interesse für ausgleichende Gerechtigkeit, für Marktchancen, für die Ersten, die die Zeche zahlen müssen, nämlich Kinder, Frauen und Alte, hat sich dort entwickelt. Theoretisch weiß man so etwas natürlich, aber man muss es einfach einmal gesehen haben.

Zunächst habe ich im Kirchenbereich gearbeitet. Wir machten den Frauen klar, dass sie stillen sollten, statt Babynahrung zu nehmen. Die Hygienebedingungen für Kinder waren ziemlich miserabel. Da haben wir richtige Kampagnen organisiert. Ich habe auch Deutschunterricht gegeben. Zunächst an der Universität in Lusaka, später am Goethe-Institut in Tokio.

Ich stellte jedoch fest, dass ich für den Lehrerberuf nicht besonders begabt war. Mich interessierten in erster Linie Fragen der entwicklungspolitischen Bedeutung für eine Gesellschaft, die sich selbst nicht hinreichend helfen kann. Das hat sich mir damals tief eingeprägt.

Als ich 30 Jahre alt wurde, kam eine Phase, da fand ich mich alt. In jener Zeit galt als alte Jungfer, wer mit 30 noch ledig war. Mit 33 aber kam der Bundestag, es kamen die ersten Erfolge als haushaltspolitische Sprecherin. Mit 40 habe ich gemerkt, dass ich zu voreilig mit dem Mich-alt-Fühlen gewesen bin, erst in dem Alter hatte ich endlich hinreichendes Selbstbewusstsein entwickelt. Seit ich 40 bin, ist bei mir deshalb alles ziemlich gleichmäßig geblieben, ohne größere Höhen und Tiefen. Jenseits der 40 habe ich aufgehört, meine Geburtstage zu zählen, habe aufgehört, mir Gedanken zu machen. Eigentlich beschäftige ich mich gar nicht sonderlich mit meinem Alter. Gut, ich stehe morgens manchmal vorm Spiegel und denke, ach du lieber Gott, wie siehst du wieder aus?

Es ist angenehm, dass man mit seiner Optik nicht mehr so befasst ist, sich ständig fragt, sehe ich gut aus? In jungen Jahren ist man ja manchmal mehr mit sich beschäftigt, als den anderen zu sehen.

Ich sage immer scherzhaft, die anderen sind alt. Ich habe zwar ein paar Zipperlein, aber die hatte ich auch schon 20 Jahre vorher.

Es gibt in meinem Alter nicht mehr das Gefühl, dass du irgendwohin kommst, und die Männer drehen sich nach dir um. Abgesehen davon, dass es das bei mir sowieso nicht so gab, finde ich das sehr bequem. Ich kann mit Gelassenheit mit jüngeren Männern zusammensitzen, nicht weil ich alt und unattraktiv geworden bin, sondern weil ich einfach die Ruhe habe, demjenigen zuzuhören, von dem ich weiß, er hat Probleme, er möchte seine Sorgen loswerden.

In der Politik habe ich viele Lebenserfahrungen gemacht. Als ich Finanzministerin und später dann Ministerpräsidentin wurde, musste ich lernen, wie man in dieser Position mit Menschen umgeht, die Respekt oder sogar Angst vor einem haben. Ich merkte es immer dann, wenn ich Orden verteilte. Da kamen Leute, denen zitterten die Hände. Die kriegten vor Aufregung gar nicht mit, was passierte. Gerade Frauen. Und ich versuchte dann beruhigend auf sie einzuwirken; ich wollte ihnen das Gefühl geben, das ist dein Tag, den erlebst du jetzt bewusst. Du sollst Freude daran haben. Ich fühle mich dafür verantwortlich, dass die Menschen in einer solchen oder ähnlichen Situation entspannen.

Am Anfang hatte ich keine Ahnung, wie Politik abläuft. Ich bin in die Partei eingetreten und hielt das für einen sensationellen Schritt. Ich dachte, die Leute warten nur auf dich und darauf, dass du ihnen erklärst, wie man alles richtig macht. Da musste ich eine Menge dazulernen. Vor allem, dass man das nicht alleine hinbekommt, dass man Gleichgesinnte, dass man ein Team braucht, dass man Netzwerke knüpfen muss. Vor allem aber muss man mit denen reden, die man nicht so gerne mag, damit man sie sich nicht zum Gegner macht. Alles Dinge, die ich erst im Laufe der Zeit gelernt habe. Ich habe natürlich auch frustrierende Situationen wie die Wahlniederlage erlebt. Oder man hatte Absprachen getroffen nach dem Motto: Hilfst du mir bei meinem Werftenprogramm, dann unterstütze ich dein Kohleprogramm. Ich gab meine Stimme fürs Kohleprogramm und musste feststellen, bei den Werften tat sich nichts. Das sind Erfahrungen, die ich machen musste. Und wenn ich daran denke, kann ich immer noch richtig böse werden. Ich kann mich sogar gelegentlich wahnsinnig aufregen. Doch dann muss auch irgendwann Schluss sein. Da kommt mir zugute, dass ich früh gelernt habe, abzuschalten, die Tür zuzumachen. Ich komme nach Hause, trinke noch ein Glas Rotwein, arbeite ein bisschen an einem Quilt, was mein Hobby ist, und gehe schlafen. Wenn Sie das nicht können, wenn Sie bei Spannungen die ganze Nacht wach liegen, sehen Sie morgens aus wie ein Gespenst.

Das Schöne an der Politik ist, dass man ständig dazulernen muss. Man ist ständig herausgefordert. Man kommt dauernd irgendwo neu an, lernt jemanden neu kennen. Als Politikerin habe ich natürlich mehr als andere Leute die Möglichkeit gehabt, an bekannte Persönlichkeiten wie zum Beispiel an Künstler heranzukommen. Ich lernte auch immer wieder etwas über neue technologische Lösungen, über Menschen, die Betriebe führen, ich lernte etwas darüber, wie die Universität tickt. Immer wenn ich unterwegs war, habe ich wieder etwas dazugelernt. Dabei lerne ich auch für mich persönlich.

Authentisch war ich immer. Ich gucke mir nichts ab. Man soll nie jemanden kopieren, schon gar nicht eins zu eins. Grundsätzlich sind Sie immer dann am besten, wenn Sie original sind. Man kann sagen, wie toll, wie ruhig jemand bleibt, wie gut er seine Sachen macht, wie gut er diskutieren und argumentieren kann. Aber jeder Mensch hat eine andere Persönlichkeit.

Mein Motto lautet: Es ist nichts so schlecht, als dass nicht noch etwas Gutes daran wäre. Selbst Katastrophen halten oft noch ein Geschenk in der Hand. Ich habe wenig Verständnis für Menschen, die sich immer als Opfer sehen oder andere für ihre Misere verantwortlich machen. Man sieht das Gute manchmal erst, wenn man durch eine schwierige Sache durch ist.

Als ich als Zeugin vor den Untersuchungsausschuss zitiert wurde, war das hart. Doch ich habe gedacht, wollen wir mal sehen. Natürlich habe ich mich aufgeregt. Ich hätte mir das gerne erspart. Es gibt schon happige Vorwürfe, und es tut weh, wenn man weiß, dass die aus der Luft gegriffen sind. In der Politik gibt es häufig Polemik in höchstem Maße. In solchen Situationen muss man sich wehren. Grundsätzlich böse Unterstellungen darf man sich nicht gefallen lassen. Freundschaften pflegen konnte ich kaum. Man muss sich kümmern, muss einladen, hinfahren, die Freundschaften hegen. Die Zeit dazu blieb mir leider nicht. Es ist nicht so, dass wir gar keine Freunde hätten. Es sind aber sehr geduldige Freunde. Ein sehr enges Verhältnis habe ich zu meinen beiden Schwestern. Wenn wir drei zusammensitzen, bekommen die Ehemänner die Krise. Und nicht nur, weil wir ohne Punkt und Komma reden.

Die Werte haben sich verschoben, wenn es um Gesundheit geht. Da war ich früher nachlässiger. Einmal im Vierteljahr fahre ich mit dem Fahrrad, einmal im Monat mache ich Nordic Walking. Damit erschöpfen sich meine sportlichen Aktivitäten. Mir würde es leichter fallen, auf wackligen Beinen daherzukommen, aber meine fünf Sinne beisammen zu haben, als körperlich topfit zu sein, allerdings Alzheimer oder eine Demenz zu haben. Davor hätte ich wirklich Angst.

Den Lebensabschnitt, den ich gerade durchlaufe, finde ich wunderbar. Wunderbar, weil ich gelassener geworden bin.

Ich befasse mich wieder mehr mit Entwicklungsfragen, insbesondere mit Unicef. Ich denke, wir Frauen, die wir Abitur machen durften, die wir uns zum ersten Mal frei bewegen konnten, eine modische und eine gesellschaftliche Revolution miterlebten, wir haben die Chance unseres Leben bekommen.

## Werte erkennen

*Alter schützt vor Liebe nicht, aber Liebe vor dem Altern.*

COCO CHANEL

Foto: © Udo Lauer / Merlin Presse

Vera Tschechowa, geboren 1940 in Berlin: »Mir ist meine Familie das Allerwichtigste«

*Wir treffen uns in Berlin im Hotel Kempinski. Ich habe keine Ahnung, wie Vera Tschechowa aussieht. Es ist lange her, dass ich sie im Fernsehen gesehen habe. Blicke mich suchend um und erkenne sie doch sofort. Sie hat sich nicht verändert. Klein und zierlich ist sie und schaut mich mit dunklen funkelnden Augen an. Sie strahlt über das ganze Gesicht. Ihre lockigen schwarzen Haare hat sie hochgesteckt.*

*Sie stammt aus der berühmten Dynastie der Tschechows. Ihr Urgroßonkel, Anton, ist der große russische Dichter. Ihre Großmutter Olga und ihre Mutter Ada, die 1966 bei einem Flugzeugabsturz ums Leben kam, waren beide namhafte Schauspielerinnen. Vera Tschechowa trat in ihre Fußstapfen. Sie war Theater- und Fernsehschauspielerin, bekam den Bundesfilmpreis und die Goldene Kamera. »Witwer mit fünf Töchtern« hieß 1956 ihr erster Film mit mehr als 30 Folgen. 23 Jahre lang war sie mit dem bekannten Schauspieler Vadim Glowna verheiratet.*

*Irgendwann verschwand sie von der Mattscheibe und keiner wusste so recht, wohin. Dann tauchte sie als Filmemacherin wieder auf. Heute dreht sie Dokumentarfilme.*

*Sie ist in zweiter Ehe mit dem zehn Jahre jüngeren Berliner Personalberater Peter Paschek verheiratet. Nachdem wir eine Stunde geredet haben, kommt ihr Ehemann ins Kempinski. Ein Mann mit grauem vollen Haar und Lachfalten im Gesicht, der sich gleich unkompliziert ins Gespräch einbringt. Wir stellen fest, dass wir zur gleichen Zeit in Bochum studiert haben. Vera Tschechowa strahlt den Mann an, mit dem sie eine überaus glückliche Ehe führt. »Wir mögen es überhaupt nicht, getrennt zu sein«, sagt sie und erzählt:*

Der Jugendwahn in unserer Gesellschaft ist nicht gut. Damit nehmen Menschen sich viele wichtige Dinge weg. Alles ist nur noch jung. Alles muss knackig sein. Sogar ältere Frauen machen sich jünger, lassen sich im wahrsten Sinne des Wortes das Fell über die

Ohren ziehen. Was tun sie mit sich? Sie entpersönlichen sich ja. Warum machen sie das mit? Schrecklich!

Fernsehfilme, Kinofilme, alles ist für 17- bis 25-Jährige. In unserem Alter gehen wir doch auch ins Kino. Mein Mann und ich gehen allerdings nie abends. Wir gehen früh zu Bett, weil wir immer ganz früh aufstehen. Wir gehen in die Vier-Uhr- oder Sechs-Uhr-Vorstellung, und da sehen wir lauter ergraute alte Damen mit kleinen Kringellöckchen. Die sehen sich unglaubliche Filme an. Toll, lauter gescheite alte Damen.

Mit dem Unterordnen unter den Jugendwahn nimmt man sich das, was der Situation und der Zeit entsprechend ist. Gerade das, was schön ist. Jungsein ist wunderschön. Ich freue mich über jeden jungen Menschen. Aber um jeden Preis jung bleiben wollen, das ist was Furchtbares. Das ist so kaputt, so ungut.

Im älteren Leben setzt man ganz andere Prioritäten. Man bekommt andere Wichtigkeiten. Die Zeit wird knapper, das wird einem irgendwann bewusst. Gewisse Dinge fallen aus dem Leben restlos heraus. Andere Dinge werden ungeheuer bedeutungsvoll.

Vor meiner Arbeit ist mir heute meine Ehe das Allerwichtigste. Früher hätte ich nie gedacht, dass die Partnerschaft einmal solch einen Stellenwert bekommen würde. Ich empfinde es als großes Glück, dass ich solch eine Partnerschaft habe, wie ich sie habe. Und ich finde, die muss ich hegen und pflegen. Sie jeden Tag begießen. Mein Mann und ich sagen uns, die Zeit miteinander ist so kurz. Uns ist unsere gemeinsame Zeit überaus kostbar. Wir wissen ja nicht, wie viel wir davon noch haben.

Auch die Wertverschiebung Richtung Familie hat Priorität vor allem anderen. Das, was Familie bedeutet, meinen Sohn, meinen Enkel, meinen Mann, möchte ich pflegen. Zeit mit ihnen teilen. Ich komme aus solch einer Familie, aus einem Frauen-Clan, und der hat mich natürlich geprägt und zu einem starken Familienzusammenhalt beigetragen.

Heute ist es mir ganz wichtig, dass mein Enkel kommt, auch wenn ich erschöpft bin. Er ist elf Jahre alt und treibt mich zum

Wahnsinn. Am Abend hängt mir die Zunge zum Halse heraus. Ich finde es toll und sage, schau mal, so ein junges kleines Leben, ist das schön! Und wenn man älter geworden ist, sieht man es, obwohl man leichter erschöpft ist, doch gelassener. Das sind meine Schönheiten des Lebens geworden. Es ist wundervoll, dass ich das mit meinem Mann teilen kann.

Auf meine Arbeit möchte ich nicht verzichten. Aber sie muss sich den Prioritäten meines Privatlebens unterordnen. Meine Beziehung hat Vorrang, selbst wenn ich einen Film drehe. Mein Mann begleitet mich meistens, so wie ich ihn, wenn er geschäftlich unterwegs ist. Er muss häufig in die USA reisen. Sollte es passieren, dass ich einen Film drehen will und mein Mann sagt, zu dem Zeitpunkt bin ich unabkömmlich, verschiebe ich das Ganze. Das sind für mich meine Verschiebungen der Werte.

Früher ging ich viel lockerer damit um. Ich war ja weit über 20 Jahre mit Vadim Glowna verheiratet. Das war eine ganz andere Beziehung. Wenn es hieß, ich habe da einen Termin, hast du Zeit mitzukommen, sagte man durchaus, nö, ich habe etwas anderes.

Loslassen war in meinem Leben immer eine Problematik, bis heute. Ich habe meine Mutter ja sehr früh durch ein Flugzeugunglück verloren. In den ersten acht Jahren nach ihrem Tod habe ich es noch nicht so stark wahrgenommen. Später habe ich überlegt, warum muss man die wenigen Menschen, die einem wichtig sind im Leben, so schnell verlieren? Heute weiß ich, das Leben ist so. Immer wieder passiert es, dass man denkt, oh Gott, den kanntest du so gut, und du musst ihn schon wieder ausstreichen aus deinem Büchlein.

Das gibt einem ein Gefühl für die eigene Endlichkeit. Wenn man jung ist, glaubt man, das Leben ist endlos. Heute bin ich mir vollkommen bewusst, es kann morgen passieren, es kann übermorgen passieren. Ich muss damit leben, und ich muss mein Leben so leben, dass ich jederzeit darauf vorbereitet bin. Ich muss mir sagen können, ich habe es so anständig gemacht, wie ich konnte. Dieser Wunsch ist bei mir sehr stark ausgeprägt.

Ich hatte in meinem Leben einige Wendepunkte, wo ich dachte, jetzt muss ich meine Weichen neu stellen. Der prägnanteste Punkt lag vor 13 Jahren. Ich liebe meine Selbständigkeit und meine finanzielle Unabhängigkeit. Sie bedeuten mir ganz viel. Und da habe ich gesagt, diesen Schauspielerberuf will und mag ich nicht mehr ausüben. Es ist toll gewesen, aber mir wird das zu eitel. Auch zu anstrengend. Als Schauspielerin fühlte ich mich sehr unter Druck. Ich musste immer schön sein, immer bestimmte Erwartungen erfüllen. Ich wollte es einfach nicht mehr. Ich sagte, Schluss, ich mag nicht mehr. Es gab keinen konkreten Anlass, ich hatte die Schauspielerei einfach ausgelebt. Der Wunsch nach Neuem war auf einmal da.

Das war schon ein Einschnitt. Mehr als 30 Jahre meines Lebens habe ich mit den größten Regisseuren gearbeitet, bei Leuten in der Größenordnung von Gründgens gespielt.

Ich fragte mich, was willst du dann machen? Von Kind an war ich ein neugieriger Mensch. Immer wenn ich etwas nicht verstanden habe, habe ich gefragt, warum machen Sie das so? Ich verstehe das nicht. Erklären Sie das bitte. Und wenn die Antwort kam, das ist überhaupt nicht Ihre Sache, sagte ich, trotzdem, erklären Sie es mir. Es ist auch meine Sache, denn ich stehe daneben. Da hatte ich keine Hemmungen.

Irgendwann habe ich gesagt, über mehr als 30 Jahre war ich ein hoch bezahlter Regieassistent. Ich könnte versuchen, selber Regie zu führen. Fragte mich, traue ich mir das zu? Es fängt an mit dem Schreiben eines Drehbuches. Ich setzte mich hin und schrieb erst einmal für mich zwei, drei Drehbücher. Neben meiner Schauspielerfahrung bin ich auch eine begeisterte Leserin. Kein Wunder, ich komme aus der Familie der Tschechows und bin mit Lesen aufgewachsen.

Dann habe ich festgestellt, das Schreiben funktioniert ganz gut. Im nächsten Schritt habe ich Leute, die professionell schrieben, gebeten, mach das mal mit mir zusammen. Ich bezahl dich auch dafür. Da habe ich noch einmal sehr viel gelernt. Danach habe ich den

Beruf gewechselt und heute bin ich Regisseurin und Filmemacherin. Ich mache Dokumentationen. Wenn ich noch genügend Zeit im Leben habe, soll es auch einmal ein Spielfilm werden. Mein Weg führt schon dahin.

Ich mache heute maximal zwei Filme im Jahr, so dass ich meine restliche Zeit auf das verwenden kann, was mir viel bedeutet. Ich drehe Dokumentarfilme, für die ich mir die Themen selbst aussuche. Meine Erfahrung ist, nur wenn ich unabhängig entscheiden kann, habe ich Spaß an der Arbeit, bin ich wirklich gut. Im Moment habe ich ein Projekt, an dem ich sehr stark hänge. Das ist hoch spannend. Ich dokumentiere das Leben einer Familie im Iran, und dabei interessiert mich besonders das Leben der Frauen. Ich habe vor einiger Zeit auf einem Festival in Berlin eine iranische Regisseurin, ein Jurymitglied, kennen gelernt. Der Vater ist der iranische Großmeister des Filmemachens, der große Literat. Die Stiefmutter ist eine große Regisseurin. Die Schwester macht wundervolle Filme. Eine unglaubliche Familie, die in der ganzen Welt für ihre Werke ausgezeichnet wurde. Ich habe alles drangesetzt, diese Frau kennen zu lernen. Die ganze Familie lebt in Teheran und steht immer kurz vor dem Rausschmiss. Das sind so unendlich kluge und mutige Menschen. Der Iran ist ja wegen der politischen und religiösen Gegebenheiten ein sehr kompliziertes Land. Der Film ist deswegen ein spannendes großes Thema. Niemals im Leben wäre ich auf die Idee gekommen, dass Menschen unter solchen Umständen so eine Kultur ausleben können. Das ist fantastisch.

Bei solchen Projekten habe ich auch für mich persönlich einen riesengroßen Gewinn. Man soll ja aus seiner Arbeit auch etwas für sich ziehen können. Ich lerne andere Gedanken, Kulturen und Sichtweisen kennen. Das bereichert mich unendlich.

In meinem Leben flog mir nichts leicht zu. Alles musste ich hart lernen. In meiner Familie bin ich durch eine strenge Schule gegangen. Meinen Beruf als Schauspielerin musste ich mir hart erarbeiten. Ich war immer unter der extrem strengen Kritik meiner Großmutter, die wunderbar und klug war. Aber ich werde nie vergessen, als ich dann sehr jung mit dem deutschen Filmpreis nach Hause kam und dachte, jetzt muss sie stolz auf mich sein, da sagte sie, jetzt musst du richtig arbeiten. Auch das war hart. Ich bin mit dieser Härte groß geworden.

Es ist gut so. Ich habe dadurch Disziplin gelernt. Weder das Leben noch der Beruf funktioniert ohne Disziplin. Gerade wenn man älter wird, dann piekst es da und tut dort weh. Wenn man diszipliniert ist, wird man einfach leichter damit fertig. Ich habe das Erlernen von Disziplin als Gewinn empfunden.

Natürlich führte mein Perfektionismus manchmal zu einer Überdisziplinierung. Die habe ich über Bord geworfen, als ich älter wurde. Für manche Dinge ist es äußerst wichtig, sich nicht daran zu halten. Ich habe gesagt, ich darf über jeden Rasen gehen, wo dran steht: Betreten verboten.

Ich bin authentischer geworden. Früher habe ich immer eher an mir herumkritisiert. Ich gehöre zu dem Typus Mensch, der kein gutes Haar an sich lässt. Es war wichtig zu lernen, gut mit mir zu sein. Ich musste mir immer sagen, sei ein bisschen gnädiger mit dir, ein bisschen netter, auch ein bisschen zärtlicher. Ich kann es jetzt ein bisschen besser. Ich wurde mit den Jahren mit mir nachsichtiger, verständnisvoller und weicher. Es ist ja schon viel wert, wenn es einem bewusst ist. Das ist die halbe Miete.

Ich glaube, ich bin auch auf dem Wege zu lernen, ein bisschen geduldiger mit mir zu werden. Das ist sehr schwer. Ich bin ein ungeduldiger Mensch. Ich erwarte von mir immer ein Maß, das eigentlich nicht andauernd gehalten werden kann. Da muss ich mich manchmal hinsetzen und mir bewusst sagen, das musst du jetzt nicht von dir verlangen. Auch wieder ein harter Lernprozess. Doch wenn man immer ein paar Millimeter schafft, ist das eine gute Sache.

Meine Großmutter hat früher einmal zu mir gesagt, als ich in erster Ehe verheiratet war, du machst einen großen Fehler. Du musst auch an dich denken. Nicht erst an den andern. Es ist falsch, was du machst. In meiner ersten Ehe habe ich immer zuerst an meinen Mann gedacht.

Das ist auch heute häufig noch so und daran krebse ich herum. Zu sagen, Moment, ich bin auch mal dran. Ein klares Nein dagegen ist eine Antwort, die mir sehr leicht fällt. Nur mir selbst gegenüber nicht.

Gewinn ist für mich die Summe der Erfahrungen. Auch die schlechten Erfahrungen sind wichtig. Man sagt so leicht, das war eine schlechte Erfahrung im Leben. Furchtbar! Heute weiß ich, auch die schweren Erfahrungen waren gut. Krisen stellen sich ja im Nachhinein oft als Gewinn heraus. Heute sage ich, manches hat wehgetan. Aber es war wichtig.

Verlust ist für mich gewesen, Menschen verloren zu haben, die ich sehr lieb hatte. Alle anderen Dinge sind kein wirklicher Verlust. Mein Vater ist vor gar nicht langer Zeit gestorben. Meine Großmutter, die eine der wichtigsten Personen in meinem Leben war, ging in den 80er Jahren. Das war hart.

Bei meinem Vater habe ich die Phase des Sterbens wirklich ganz bewusst miterlebt. Ich habe festgestellt, auch das ist hart und du bist jetzt die Nächste. Da passieren so Verschiebungen in einem selbst. Du selbst rückst auf in die vorderste Reihe. Ich habe meinen Vater bewusst bis zum Tod begleitet. Es ist traurig, wenn einer nicht richtig loslassen kann und du ihm nicht helfen kannst. Das ist schmerzlich. Es tut so weh. Man sagt, lass doch los. Du darfst gehen.

Und man sagt, ich hoffe, ich selbst kann das auch eines Tages. Es wird immer bewusster, dass man irgendwann selbst dran ist. Es rückt immer näher. Man setzt sich damit auseinander. Man versöhnt sich damit.

Mein Vater war Arzt, der täglich mit dem Tod konfrontiert war. Doch ich dachte bei seinem sehr schweren Sterben, meine Güte, wir werden ganz blank dastehen. Die Angst muss riesig sein. Mein Vater ist 91 Jahre alt geworden.

Mein Leben ist nicht geplant gewesen, weil es ja letztendlich doch nicht nach Plan verläuft. Das Leben verläuft anders, als man es erhofft oder erwartet. Mich hat aber nichts wirklich doll erschreckt, wenn es dann ganz anders kam. Ich bin durch Mutter und Großmutter gewohnt, dass plötzlich alles anders ist. Ich habe, wenn ich unerwartet mit neuen Tatsachen konfrontiert wurde, nachgedacht, was kann ich jetzt als Erstes tun? Insofern hat mich nichts erschreckt. Ich habe aber auch nichts als Fügung empfunden.

Ich bin eher ein Mensch, der die Dinge annimmt, sie anpackt. Sage mir, denk nicht lange nach. Mach! Es bleibt dir sowieso nichts anderes übrig. Ich kann mich nicht hängen lassen. Ich würde nie in eine Opferhaltung gehen. Wenn ich einen riesigen Turm vor mir habe und ich denke, ich komm nicht darüber hinweg, dann frage ich mich, kann ich ihn dann umgehen? Kann ich ihn abräumen? Ich muss darüber, weil ich rüber will. Geht nicht gibt es für mich nicht. Ich trage die Verantwortung für mich. Ich würde niemals anderen die Schuld für irgendetwas geben.

Viele Menschen müssen sich Werte heute von außerhalb holen, aber da gibt es so wenig. Das ist bedrückend in dieser Gesellschaft, und es ist auch nicht gut. Ich hatte in der eigenen Familie ein starkes Wertbewusstsein, und ich bin dem lieben Gott jeden Tag dankbar dafür. Ich habe immer wichtige Personen in meinem Leben gehabt, vor allem die kluge Olga, meine Großmutter, bei der ich viel gesehen und viel gelernt habe für mich und mein Leben.

Wenn ich diese Lebensphase mit den vorhergehenden vergleiche, muss ich sagen, diese Phase finde ich eine gute. Das hat zu tun mit der Werteverschiebung. Die Konzentration liegt auf anderen Dingen als früher. Man ist genauer, schaut besser hin. Man hat auch viel mehr Zeit zum Hinschauen. Das macht einen ruhig. Das macht einen zufrieden.

Mit mir allein zu sein, damit hatte ich noch nie ein Problem. Im Gegenteil. Ich brauche das. Ich habe ja tausend Schulen besucht, weil meine Mutter die schlechte Angewohnheit hatte, immer umzuziehen. Von Land zu Land. Das war sehr unangenehm für mich als Kind. Ich habe immer geträumt, ich sitze auf der Schulbank in einem

Zelt, bin ganz allein und es geht mir richtig gut. Das brauche ich bis heute ganz fest und ganz stark. Ich muss alleine sein.

Es gibt noch einen unerfüllten Traum, den würde ich gerne in meinem Leben erledigen. Nach China gehen und dort filmen. Den anderen aus China mitteilen. Wer weiß, wann das dran ist?

# Gesund leben

*Es kommt darauf an, den Körper mit der Seele und die Seele durch den Körper zu heilen.*

Oscar Wilde

Dr. Ingrid Häntsch-Püschel, geboren 1948 bei Bremen:
»Die Einteilung rein nach Lebensjahren ist nicht mehr realistisch«

Früher war eine 50-Jährige für mich uralt, heute, wo ich selbst schon auf 60 Jahre zugehe, fühle ich mich noch jung und fit. Ich finde, ich bin in einem tollen Alter. Gut, ich kann nicht mehr so gut ohne Brille lesen. Aber das betrachte ich nicht als Zipperlein, das ist eine normale Entwicklung.

Nach dem Abitur habe ich zunächst eine Ausbildung als Krankengymnastin gemacht, erst danach mein Medizinstudium in Hannover absolviert. Nach dem Examen habe ich geheiratet und drei Kinder bekommen. Schon nach einem Jahr Kinderpause fiel mir die Decke auf den Kopf. Mein Mann hatte eine Stelle in Hamburg angetreten, und wir waren neu in der Stadt. Ich kannte niemanden, mein Mann war aus beruflichen Gründen nie zu Hause.

Ich habe dann eine Annonce aufgegeben. Schließlich war ich Medizinerin geworden, weil ich es toll fand, anderen Menschen zu helfen. In Henstedt-Ulzburg bei Hamburg bekam ich eine Halbtagsstelle im Krankenhaus auf der Gynäkologie. Damit begann mein Werdegang zur Gynäkologin, und ich habe den Facharzt gemacht. Heute bin ich in einer Gemeinschaftspraxis als Frauenärztin tätig.

Meine Kinder sind inzwischen erwachsen und haben das Haus verlassen. Unsere Familie hat vier Islandpferde, Reiten ist meine Leidenschaft. Gerade lerne ich Kutsche zu fahren. Unsere Pferde stehen im Offenstall und da muss ich bei Wind und Wetter hin, um sie zu versorgen. Die Arbeit rund um die Pferde ist ein sehr ausfüllendes und befriedigendes Hobby. Ich finde es gut, dass ich manches Mal meinen inneren Schweinehund überwinden und bei jeder Witterung raus muss. Außerdem spiele ich regelmäßig Tennis und walke durch den Park. Und jeden Tag bin ich froh und dankbar, dass es mir so gut geht.

**Frau Dr. Häntsch-Püschel, wann sagt man, ein Mensch ist alt?**

Wenn Sie heute eine 60-jährige Frau fragen, ob sie sich alt fühlt, wird die sehr erstaunt schauen. Die Einteilung rein nach Lebensjahren ist nicht mehr realistisch. Das Phänomen des Alterns ist ein lebenslanger Prozess und muss als biografischer Verlauf über die gesamte Lebensspanne beobachtet werden. Die Lebenserwartung ist enorm gestiegen. Um 1870 noch hatten die Männer eine durchschnittliche Lebenserwartung von 37 Jahren – und die Frauen von 43 Jahren. Eine aktuelle Definition des Altseins ist, wenn zu einem bestimmten Zeitpunkt 50 Prozent der Gruppe der Gleichaltrigen bereits verstorben sind, ist man alt. Und das kann man heute eigentlich erst für über 80-Jährige sagen.

**Müssen wir völlig umdenken?**

Auf jeden Fall. Vor 100 Jahren hatten die Frauen noch etwa sieben Jahre zu leben, nachdem ihr letztes Kind das Haus verlassen hat. Die nachelterliche Phase war also relativ kurz. Heute ist die nachelterliche Phase auf 30 Jahre gestiegen, sie ist also länger als die Elternphase. Das ist ein Lebensabschnitt geworden, auf den sich jede Frau unheimlich freuen sollte. Denn sie ist dann noch jung genug, wieder in ihren Beruf einzusteigen, ihren Hobbys nachzugehen, ihre Interessen zu pflegen, die alte oder eine neue Partnerbeziehung aufzubauen. Es ist ja für die Partnerschaft ein Riesenunterschied, ob man mit oder ohne Kinder zusammenlebt. Ohne Kinder ist man viel freier und hat heute noch viele Möglichkeiten, die man auch nutzen sollte.

**Mit Alter setzen wir Gebrechlichkeit und Krankheit gleich. Müssen wir davor Angst haben?**

Dass Alter und Krankheiten automatisch zusammengehören, stimmt nicht. Tatsächlich setzt man Alter leider immer noch gleich mit gebrechlich, krank, leidend. Da muss man wieder fragen, wann ist man alt? Dass man mit 85 krank wird und stirbt, muss man hinnehmen. Der Mensch stirbt irgendwann. Es ist leider auch nicht jedem gegeben, dass er eines Tages einfach tot umfällt. Meistens ist jedoch das Lebensende unabhängig vom Lebensalter mit einer vorhergehenden Krankheit verbunden. Und Kranksein beinhaltet auch oft einen Leidensweg. Aber welche Krankheiten gibt es, die altersspezifisch sind? Das sind ganz wenige. Demenz, Altersdiabetes, bestimmte Krebserkrankungen nehmen im Alter zu. Bei Frauen spielt im Alter die Osteoporose eine Rolle. Aber da kann man durch eine richtige Lebensführung schon wieder vorbeugen.

**Es gibt aber typische Krankheitsbilder, die gehäuft im Alter auftreten. Welche sind das?**

Die zehn häufigsten Krankheiten im Alter sind bei Frauen: 1. Herzinsuffizienz, 2. Hypertonie, also Bluthochdruck, 3. koronare Herzerkrankung, Arterienverkalkung, 4. Arthrose, das bedeutet Abnutzungserscheinungen an den Gelenkflächen, dadurch entstehen Schmerzen, 5. Sehbehinderung, 6. Hörbehinderung, 7. Arterielle Verschlusskrankheit, die sogenannte Schaufensterkrankheit, 8. Herzrhythmusstörungen, 9. Diabetes mellitus, 10. Osteoporose.

**Das sind fast alles Krankheiten, die durch eine entsprechende Lebensführung vermeidbar wären.**

Richtig. Für fast alle diese Krankheiten kann man sagen, dass sie ursächlich nicht mit dem Alter, sondern mit falscher Lebensführung, sprich Rauchen, Bewegungsmangel, falsche Ernährung, Übergewicht, zusammenhängen. Gelegentlich spielt auch eine genetische Disposition eine Rolle. Letztendlich ist es da auch Aufgabe der Mediziner, mitzuwirken, dass die dazugewonnenen Jahre nicht nur einen Gewinn an Quantität, sondern auch einen Gewinn an Qualität bedeuten. Wir Ärzte sind bestrebt, durch Prophylaxe dahin zu kommen, dass Krankheiten frühestens in den letzten ein oder zwei Jahren kurz vor dem Lebensende auftreten, wenn überhaupt. Dass die

Leidenszeit, wenn sie nicht vermieden werden kann, wenigstens kurz ist. Wenn man sich Statistiken anschaut, sieht man, dass das schon weitgehend gelingt. Viele alte Menschen werden erst kurz vor ihrem Tode krank.

**Gehören »die ersten Zipperlein« zum Alter dazu?**

Nein, junge Menschen bekommen auch Zipperlein. Die nennen es dann nur nicht so. Genauso stellen sich bestimmte Zipperlein ein, wenn Frauen in die Wechseljahre kommen. Das hat mit dem Altern an sich wenig zu tun.

**Was können wir denn selber zu einem Älterwerden in Gesundheit beitragen?**

Zu seiner Gesundheit kann jeder viel beitragen. Dazu gehört die Vermeidung dieser ganzen chronischen Erkrankungen. Ich denke an die ewig hustenden Männer mit ihrem Lungenemphysem, ich denke an die chronischen Gelenkbeschwerden, die auftreten bei ewig übergewichtigen Menschen.

**Gegen Rauchen kann man gar nicht genug wettern, oder?**

Es ist unglaublich, dass so ein Gift mit solchen Folgen überhaupt noch erlaubt ist. Wenn ich ein Medikament verschreibe, kommen meine Patientinnen manchmal, zeigen mir den Beipackzettel mit den Nebenwirkungen und sagen, das nehme ich nicht. Aber sie rauchen. Das ist eine unglaubliche Schieflage. Rauchen ist ein wahnsinniger Risikofaktor für alle möglichen Krankheiten. Es überblickt immer noch keiner vollständig, was das für Folgen hat. Beispielsweise wird das zarte, sich in Entwicklung befindliche Brustgewebe bei jungen Mädchen bereits von diesem Zellgift Nikotin beeinträchtigt. Der größte Risikofaktor für Brustkrebs ist inzwischen das

Rauchen in der Pubertät. Viel später erst kommt die hormonelle Substitution, die ja als möglicher Verursacher von Brustkrebs zurzeit so verteufelt wird.

**Raucher altern auch stärker.**

Ich sehe Menschen über 50, bei manchen auch schon früher, an der Haut sofort an, ob sie Raucher sind. Die Haut von Rauchern altert schneller. Die Stimme wird tiefer. Die Bronchien verschleimen. Die Struktur der Lunge verändert sich. Auch Karzinome im gesamten Bereich der oberen Luftwege werden von den Fachärzten auf das Rauchen zurückgeführt bis hin zum Lungenkrebs. Die Diskussion hierüber ist aber noch lange nicht abgeschlossen und es bleibt abzuwarten, welche Raucherfolgeerkrankungen noch gefunden werden.

**Was kann man noch selber für seine Gesundheit tun, außer die Zigarette wegzulassen?**

Wellness ist für mich das neudeutsche Wort für gesunde Lebensführung. Dazu gehört gesunde ausgewogene Ernährung, dass man die Genussgifte wie Tee und Kaffee meidet oder zumindest auf ein Minimum reduziert, sich viel an frischer Luft bewegt, genug schläft und nur mäßig Alkohol trinkt. Dass man auf innere Balance achtet und darauf, sich nicht zu viel ungesunden Stress zuzumuten. Das sind Faktoren, auf die jeder achten kann, und wenn alle sich dran hielten, wäre schon viel getan. Auch wenn man in fortgeschrittenem Alter erst damit anfängt, bringt das noch eine Menge. Das ist natürlich schwierig, wenn man in der Kindheit nicht gelernt hat, sich richtig zu ernähren. Es erfordert ziemliche Willenskraft, vor allem aber auch Einsicht, wenn man sich später umstellen muss. Es gibt aber jede Menge Leute, die das schaffen. Sie müssen sich allerdings bemühen.

## Welche Beschäftigungen sind im Alter wichtig?

Was ich immer wieder bemerke, ist, dass Frauen, die beruflich aktiv sind, ihre Hobbys pflegen, sich sinnvoll beschäftigen, auch eine ganz andere Einsicht in ihren Lebensstil haben als Frauen, die nur zu Hause herumsitzen. Viele Frauen lassen sich, gerade wenn sie älter werden, fallen und sagen, ich kann ja nicht anders. Man kann immer anders. Es muss nicht unbedingt der Wiedereinstieg in den Beruf sein. Es kann auch etwas Adäquates sein wie z.B. ein Hobby oder ein ehrenamtliches Engagement, in der Volkshochschule einen Computerkurs belegen, eine Sprache lernen, Verantwortung in einem Verein übernehmen, eine zusätzliche Ausbildung machen. Aber es kann auch noch ein Neuseinstieg in einen anderen Beruf sein. Es geht letztlich darum, innerlich ausgefüllt und zufrieden zu sein. Es kommt drauf an, dass man etwas hat, was man gerne tut und worauf man sich freut. Womit man gerne seine Zeit verbringt. Etwas, das Befriedigung schafft. Eine neue Herausforderung zu suchen, wenn das Alte sich überlebt hat. Das ist auch die allerbeste Vorbeugung gegen depressive Verstimmungen.

## Wie kann man sich seine geistige Fitness erhalten?

Es ist enorm wichtig, geistig fit zu bleiben. Dazu gehört, aktiv und kreativ zu bleiben. Ich habe neulich eine Patientin, die Schauspielerin ist, gefragt, wie sie das in ihrem Alter noch schafft, lange Texte auswendig zu lernen. Sie sagte, man muss jeden Tag ein Gedicht lernen. Man kann auch Alltägliches trainieren: den Einkaufszettel im Kopf haben, sich Erledigungen ohne Stichworte merken, sich ständig bemühen, Namen, Telefonnummern, Adressen oder Begriffe zu behalten. Bücher und Zeitungen lesen und nach Möglichkeit auch darüber mit anderen Menschen diskutieren. Geistiges Training hält einfach fit.

**Im Alter wird auch innerer Reichtum immer wichtiger.**

Ja, und der innere Reichtum drückt sich in Lebensfreude aus. Man muss Bereiche haben, wo man Spaß und Freude tankt. Auch unabhängig vom Partner einen eigenen Freundeskreis haben, ist wichtig. Jede Frau sollte sich ihren Kreis aufbauen, der Aktivität, Freude, geistige Anregung und Diskussion beinhaltet. Wichtig fürs Lebensgefühl ist, autonom zu sein, unabhängig zu sein. Jede Frau sollte auch unbedingt darauf achten, dass sie in der Partnerschaft die gleichen Rechte hat wie der Mann. Das heißt, dass z.B. das Haus auf beide Partner eingetragen ist, dass Zugänge zu Konten beiden Partnern möglich sind. Im Idealfall ist die Frau auch materiell unabhängig.

**Wie stehen Sie zu Schönheitsoperationen?**

In meine Praxis kommen wenige Frauen, die glauben, sie seien ab einem bestimmten Alter nicht mehr attraktiv. Wenn es um Schönheitsoperationen geht, rate ich meistens ab, vor allem wenn eine Frau meint, damit ihre Partnerschaft retten zu können. Mit Schönheitsoperationen ist für innen nichts gewonnen. Man wird dadurch nicht zufriedener. Eine gestraffte Brust oder ein geglättetes Gesicht machen eine Partnerschaft nicht besser. Das ist ein Irrglaube.

Ich behaupte, für eine gute Partnerschaft ist die makellose äußere Hülle nicht ausschlaggebend. Der Partner wird ja auch älter und bekommt Falten. Natürlich ist das Äußere wichtig. Aber Falten sind kein Kriterium für Schönheit. Es geht darum, sich zu pflegen, bewusst auf den Körper zu achten, den Körper schlank, fit und beweglich zu halten, sich schön zu kleiden, zur Kosmetik zu gehen, zum Friseur zu gehen, sich attraktiv zu machen. All das tun, was der Frau in ihrem Alter möglich und angemessen ist. Die innere Schönheit kommt zum Ausdruck, wenn ein Mensch zufrieden ist, ausgeglichen ist, sich erfüllt fühlt. Das strahlt er aus. Innere Schönheit und äußeres Gepflegtsein ergeben ein perfektes Ganzes. Dafür kann und sollte man etwas tun. Es geht eher darum, sich körperlich, seelisch und geistig nicht gehen zu lassen, gut für sich zu sorgen.

**Es ist ja ein großer Unterschied, ob ich Tränensäcke wegmachen oder das Fett am Bauch absaugen lasse.**

Wenn Frauen Kleinigkeiten für sich machen lassen und sagen, ich fühle mich damit einfach wohler, ist das in Ordnung. Aber von diesem Fettabsaugen beispielsweise versprechen sich Frauen zu viel. Die Erfolge sind in der Regel nicht so wie erhofft. Es funktioniert nicht, dass man durch Fettabsaugen dauerhaft schlanker wird, eine gute Figur bekommt. Man kann an bestimmten Stellen Fett reduzieren. Die Gefahr ist, dass man danach unproportioniert aussieht. Oder man hat zwar den Bauch weg, hat aber trotzdem keinen schönen Bauch, denn die Behandlung hinterlässt Spuren. Das Absauggerät geht ja wie ein Staubsauger in die Fettschicht und wenn da nicht sauber ein Strich an den anderen gesetzt wird, was fast nicht möglich ist, hat man hinterher Rillen und Dellen. Das sieht häufig schlimmer aus als vorher. Wenn dann noch die Haut ausgeleiert ist, muss die auch noch weggeschnitten werden. Das ist doch furchtbar. Hoffentlich bekomme ich jetzt keinen Ärger mit Schönheitschirurgen.

**Kommen Frauen zu Ihnen, die Angst haben vor dem Älterwerden?**

Nein, eigentlich nicht. Es kommen Frauen, die haben Angst vor dem Leiden. Ich habe viele gute Gespräche mit Frauen geführt, die Partner an schrecklichen Krankheiten verloren haben und die dann Angst haben, dass ihnen Ähnliches passiert. Die sich fragen, muss ich auch so enden? Dass das Alter Krankheit und Leiden mit sich bringt, ist aber nicht zwingend. Denn das Alter an sich ist ja nicht Ursache für Krankheit. Jeder Mensch kann in jedem Lebensalter erkranken. Ich bestärke meine Patientinnen, vor allem, wenn sie diese

Ängste haben, darin, dass sie selbst darauf achten, gesund zu leben, Vorsorge und Prophylaxe betreiben, um die Lebensqualität für sich zu erhalten und verbessern. Und ich schlage vor, ein Patiententestament zu machen und sich somit mit dem Älterwerden und Sterben auseinander zu setzen.

**In Ihrer Praxis werden Sie ja häufig mit Wechseljahresbeschwerden konfrontiert. Mit der Frage: Soll ich Hormone nehmen oder nicht?**

Es gibt erst seit ca. 50 Jahren Medikamente gegen die Beschwerden der Wechseljahre. Vor ca. 150 Jahren waren Wechseljahre kaum bekannt, weil Frauen sie nicht erlebt haben, da sie vorher gestorben sind. Mit dem Überleben der Wechseljahre waren die Frauen den Begleiterscheinungen hilflos ausgeliefert und haben oft furchtbar gelitten. Persönlich erinnere ich mich hierbei sehr intensiv an meine Mutter. Sie hätte dankbar die Hormonersatztherapie angenommen. Heute kommen die Frauen und sprechen über ihre Beschwerden. Allerdings sind sie oft negativ beeinflusst von alternativen Leuten, die die Wechseljahre für eine Geißel der Frau halten, die sie ertragen muss. Deshalb haben manche Frauen ein schlechtes Gewissen, wenn sie nach Hormonen fragen.

**Wie groß schätzen Sie das Risiko der Hormontherapie ein?**

Ich weiß nicht, warum diese Diskussion heute so negativ geführt wird. Es ist Fakt, dass es vielen Frauen mit einer Hormonbehandlung sehr viel besser geht. Sie erlangen durch die Hormone ein neues Maß an Lebensqualität. Natürlich bleibt ein Restrisiko, aber das bleibt immer, egal, was ich tue. Hormone, die bei starken Beschwerden in den Wechseljahren zugeführt werden, können Frauen ganz eindeutig Lebensqualität zurückgeben. Grundsätzlich ist es gut, dass es die gibt.

**Bei der herrschenden Diskussion bekommt man aber Angst vor den Hormonen.**

Ich finde es schade, dass diese Wechseljahreshormone so negativ in die Schlagzeilen geraten sind. Die Studien, die gelaufen sind, lassen unterschiedliche Interpretationen zu. Wegen der Panikmache hören viele Frauen auf, Hormone zu nehmen, verfallen dann aber in Depressionen, quälen sich mit Schlafstörungen herum, spüren den körperlichen Verfall stärker als Frauen, die Hormone nehmen. Natürlich braucht nicht jede Frau Hormone. Viele haben ja kaum Beschwerden. Aber für Frauen, die starke Einschränkungen erfahren, ist es sinnvoll, sie zu nehmen, um ihre Lebensqualität zu verbessern. Ich gehe sogar so weit zu sagen, selbst wenn mein Leben durch Hormone um zwei Jahre verkürzt wird, will ich aber bis dahin doch gelebt haben und nicht nur jahrelang unter Stimmungsschwankungen, Depressionen, Ängsten und Schlaflosigkeit gelitten haben. Schlafentzug ist ja eine Foltermethode. So ähnlich muss man sich das vorstellen. Die Frauen sind alle zwei Stunden oder jede Stunde wach. Das macht fertig. Da wird man ja verrückt.

**Die Wechseljahre machen auch frei.**

Natürlich, man muss sich nicht mehr um die Kinder kümmern, viele Pflichten, die man hat, wenn man Beruf und Familie unter einen Hut bringen muss, fallen weg. Der ganze Stress, den man bei dem Spagat zwischen Beruf und Familie hat, dieses Aufreiben ist nicht mehr da. Man kann ein ganz neues Leben beginnen. Plötzlich hat man Zeit! Auch mal nur für sich selber etwas Schönes machen, ohne dabei ein schlechtes Gewissen zu haben. Ich persönlich bin froh, dass es diese medikamentösen Hilfen gibt, dass eine Frau noch mal ein ganz neues Leben beginnen kann. In der Partnerbeziehung und der Sexualität ergibt sich auch ein neuer Aspekt: Die Angst vor einer unerwünschten Schwangerschaft entfällt.

**Kann man die Hormone bis ans Lebensende nehmen?**

Theoretisch ja. Viele Frauen glauben, dass die Wechseljahresbeschwerden nach einer gewissen Therapiezeit mit Hormonen vorbei sind. Es ist schwer, den Frauen zu erklären, dass die gleichen Symptome wiederkommen, wenn man die Tabletten absetzt. Die Stärke der Beschwerden lässt allerdings irgendwann nach, denn die Hormontherapie ist nie so intensiv wie die körpereigenen Hormone. Man bleibt auf jedem Fall unter dem Level, den man als reproduktionsfähige Frau hat. Wenn man nach geraumer Zeit sagt, ich will es ohne versuchen, kann man sich langsam ausschleichen. Bei manchen klappt es, bei anderen nicht.

**Eine wirklich bedrohliche Alterskrankheit ist Alzheimer.**

Das ist eine Krankheit, die tritt tatsächlich erst auf, seit wir älter werden. Früher war diese Erkrankung weitgehend unbekannt. Da gibt es noch viel Forschungsbedarf. Es ist nicht die Erkrankung an sich, was mir Angst macht bei der Altersdemenz, sondern der damit verbundene Verlust der menschlichen Würde. Das finde ich schrecklich. Es gibt Fachleute, die sagen, dass Hormone positiv auf die Altersdemenz wirken. Man muss sie aber bereits vorbeugend nehmen, denn als Therapie gegen eine eingetretene Demenzerkrankung helfen sie nicht.

## Gelassen bleiben

*Der Glaube an Gott ist wie das Wagnis des Schwimmens: Man muss sich dem Element anvertrauen und sehen, ob es trägt.* HANS KÜNG

Foto: © Boris Rostami

Maria Jepsen, geboren 1945 in Bad Segeberg: »Ich lasse mich nicht mehr von meinem Ärger beherrschen«

*In ihrem Büro in der Bischofskanzlei ist der runde Tisch gedeckt, Kaffee und Kekse stehen bereit. Maria Jepsen ist die erste Bischöfin in der evangelisch-lutherischen Kirche. Ihre Wahl in Hamburg beendete eine 2000-jährige Männerherrschaft. In ihrem Büro in der Bischofskanzlei mit dem großen Schreibtisch unter dem Fenster dominieren die Farben lila und grau. Wirft man einen Blick unter die Decke, entdeckt man dunkelbraun und rot bemalte prachtvolle Stuckverzierungen. Maria Jepsen ist auf die Minute pünktlich. Die zierliche Pastorin wirkt geradezu mädchenhaft in ihrem rosa Fransenpulli. Mit wachen Augen blickt sie mich an und antwortet wohl überlegt. Im Archiv fand ich viele offizielle Statements und Begebenheiten im Zusammenhang mit der Bischöfin, jedoch wenig Persönliches. Im Gespräch ist sie offen und spontan, berichtet sowohl über ihre Ehe als auch über ihre guten und schwierigen Lebenssituationen und über ihre persönlichen Erfahrungen in der von Männern geprägten Berufswelt:*

In meinem Leben kann ich vor allem Gewinn sehen. Schon mit 30 war ich bereit zu sterben. Nicht, weil ich sterben wollte. Ich war so erfüllt und glücklich und habe mein Leben als so reich empfunden. Natürlich gab es in manchen Bereichen auch Enttäuschung und Ärger. Aber ich fühle mich unglaublich beschenkt.

Mein Mann und ich haben das große Glück, dass wir uns sehr ähnlich sind. Wir haben uns aneinander angepasst. Ich bin manchmal eine Kritikerin an ihm, aber ich stehe auch unter seiner Kritik. Wir können das beide annehmen. Kritik anzunehmen wird mir im Alter leichter, weil ich besser weiß, wie ich bin und wie ich wirke. Man kennt mit der Zeit seine eigenen Muster und lernt, damit zu leben.

Ich lasse mich zum Beispiel nicht mehr von meinem Ärger beherrschen. Auch wenn Dampf unterm Deckel ist, muss ich mich trotzdem nicht übermäßig aufregen. Das habe ich gelernt. Seit einigen Jahren bin ich viel gelassener als früher. Das finde ich sehr angenehm. Ich kann mich zwar ärgern, aber heute kann ich dann auch schnell sagen, es lohnt die Aufregung nicht, Schwamm drüber. Ich kann mich entscheiden, ob ich den Ärger gerade gebrauchen kann. Wenn ich mich nicht ärgern will, lasse ich es einfach nicht zu. Das macht frei. Eine große Hilfe ist es für mich, etwas benennen zu können. Ein anderer kann ja nicht erahnen, was ich mit mir herumtrage, und wundert sich vielleicht, dass ich kurz angebunden bin. Ich kann heute viel schneller sagen, was los ist. Es grummelt nicht mehr undefinierbar in mir herum. Manchmal sage ich auch, ich kann jetzt noch nicht darüber reden. Dann möchte ich nichts heftiger äußern, als ich es meine. Es ist mir eine große Hilfe zu spüren, wann der passende Zeitpunkt da ist, ausführlich über ein Thema zu sprechen.

Im Alter habe ich auch gelernt, Probleme nicht als Vorwurf, sondern als Frage zu formulieren. Habe ich das richtig verstanden? Hast du das so gemeint? So kann man Störungen klären, ohne anzugreifen oder zu verletzen.

Die Kunst ist doch: Wie kann ich mich entlasten und dem anderen dabei nicht auf den Schlips treten? Manchmal sage ich auch, ich weiß nicht, wie ich das jetzt sagen soll. Es bedrückt mich … Mein Eindruck ist … Das mache ich, wenn ich etwas vermute, aber die Möglichkeit besteht, dass ich völlig danebenliege. Das ist vor allem wichtig, wenn die Gerüchteküche brodelt, was ja auch in der Kirche passiert. Mit Gerüchten habe ich gelernt offensiv umzugehen.

Bis vor zwei Generationen gab es in meiner Familie über einen Zeitraum von acht Generationen Pastoren. Insofern folge ich einer Familientradition, die nur kurz durchbrochen war. Mein Vater war Zahnarzt. Mein Bruder ist wieder Pastor, mein Schwager auch. Wir sind mit Gottesdienst und Kindergottesdienst aufgewachsen, so dass ich in die Kirche hineingewachsen bin. Eigentlich wollte ich Lehrerin werden. Zunächst studierte ich alte Sprachen und Theologie. Dann wollte ich auch Hebräisch lernen. Wie das dann so ist, lernte ich einen Kommilitonen kennen und lieben, meinen heutigen

Mann. Er wollte Pastor werden, und so bin ich zum Pastorinnenberuf gekommen. Mit dem Gefühl, das ist der richtige Weg.

Als ich nach dem ersten Examen ins Vikariat ging, durfte ein Ehepaar eigentlich nicht gemeinsam in eine Gemeinde gehen. Es gab aber damals einen Mangel an Pastoren und Pastorinnen. Da freute sich die Landeskirche dann doch, ein Ehepaar zu bekommen. Wir gingen nach Dithmarschen und später nach Nordfriesland und haben beide auf ganzen Stellen als Pastor und Pastorin gearbeitet. Dort war alles sehr ländlich. Viele Frauen waren gestandene Bäuerinnen, haben selbst gearbeitet. Auf dem Land wusste man, dass Frauen sogar einen Betrieb führen können. So fühlte ich mich voll angenommen und akzeptiert. Es war kein Problem, dass ich eine berufstätige Frau war.

Ich habe aber unter dem Druck gelitten, dass wir das erste Pastorenehepaar waren. Das Vorzeigepaar. Wir wussten, wenn uns das nicht gelingt, wenn wir damit nicht klarkommen, wenn unsere Partnerschaft davon beeinträchtigt wird, wird es für andere schwieriger. Es musste also klappen. Wegen des Drucks war ich besonders fleißig und engagiert. Mein Mann konnte das gelassener sehen.

Intern kamen von älteren Pastoren bisweilen gewisse Vorbehalte. Oder alte Menschen, die mich nicht kannten, sagten, die Frau gehört an den Herd. Solche Meinungen gab es vor 30 Jahren ja überall. Mit denen habe ich auch gestritten, wenn das zur Sprache kam.

Als Rollenmodell war meine Mutter wichtig. Sie wurde geschieden, als ich sechs Jahre alt war, und hatte es schwer: eine geschiedene allein erziehende Frau mit vier Kindern. Ich habe oft mitbekommen, wie sie an den Rand gedrängt wurde. Bei Einladungen bekam sie, wenn sie überhaupt einen Tischpartner bekam, einen 70-Jährigen. Zu den Ehefrauen der Rechtsanwälte und Ärzte sagte man Frau Doktor. Zu meiner Mutter, die tatsächlich selbst promoviert und einen Doktortitel hatte, sagte man Frau Bregas. Es gab auch spitze Bemerkungen, und wenn eins von uns vier Kindern vorlaut war, hieß es, kein Wunder, da fehlt der Vater. Ich habe mich geschämt, dass meine Eltern geschieden waren. Das gehörte in einer ordentlichen Familie nicht zum guten Ton.

Das alles hat mich geprägt. Heuchelei beispielsweise kann ich nicht aushalten. Für Frauen, die diskriminiert werden, habe ich eine große Sensibilität entwickelt. Und ich habe einen ausgeprägten Gerechtigkeitssinn.

Treue ist mir immer wichtig gewesen, die Verlässlichkeit, das Zueinandergehören. Mir bedeutet auch die Ehe sehr viel. Meine Mutter hat ihr Leben lang darunter gelitten, keine Ehe mehr zu haben. Ich empfinde meine Ehe als sehr kostbar.

Allen Menschen, die an ihrer Partnerschaft scheitern und darunter leiden, möchte ich helfen. Pastoren, die sich trennen oder scheiden lassen, müssen nach unserer Rechtslage alle zu mir kommen. Das sind nicht wenige. Ich bemühe mich, mit ihnen über ihr Scheitern zu reden. Ihnen Mut zu machen, die Probleme nicht zu verdrängen, sondern anzupacken. Klare Worte zu wagen, sich auseinander zu setzen.

Ich finde es wichtig, dass man Menschen, deren Partnerschaft scheitert, nicht verurteilt. Wir machen alle Fehler, und eine Trennung wird in der Regel nicht leichtfertig herbeigeführt. Wichtig ist, aus den Fehlern zu lernen und sie zu akzeptieren.

Eine Beziehung kann sehr schön sein, aber sie ist auch immer ein Risiko. Ich habe angeregt, wieder Brautpaarseminare einzuführen. Damit zukünftige Eheleute eine Ahnung davon bekommen, worauf sie sich einlassen. Partnerschaft kann man natürlich nicht theoretisch lernen. Aber so ein Seminar kann doch nachdenklich machen. Impulse geben.

Häufig stelle ich fest, dass es Eifersucht auf den Beruf des Partners gibt. Dass ein Pastorenpaar sich gegenseitig Konkurrenz macht, wetteifert, wer kann es besser? Auch objektiv bringt es Schwierigkeiten mit sich, wenn beide Pastoren sind. Es gibt wenige freie Abende für die Gemeinsamkeit. Hat die Frau einen anderen Beruf und ihr Partner ist häufig nicht da, gibt das auch Konflikte. Es ist eine große Toleranzschwelle nötig, miteinander in einer Gemeinde zu leben.

Mein Mann und ich hatten Glück miteinander. Wir haben 18 Jahre lang zusammen in einer Gemeinde gelebt und gearbeitet. Bei uns hatte jeder seine eigenständigen Bereiche. Wir kamen uns nicht in die Quere. Auch vom Typ her ergänzen wir uns gut. Mein Mann kann sich problemlos zurücknehmen, und das ist sicher nicht das Normale. Ich empfinde es als Geschenk, wie wir miteinander umgehen können. Es war trotzdem wichtig, dass wir beide eigene Bereiche hatten. So gab es keine Konkurrenz.

Auch vom Temperament her harmonieren mein Mann und ich. Manchmal bin ich streitlustig. Von Grund auf bin ich aber ein sehr konsensbemühter und friedliebender Mensch. Wir wissen beide, wann wir einander Probleme zumuten können. Mein Mann und ich haben es immer so gehalten, dass wir uns regelmäßig in Ruhe zusammensetzen und reden.

Mein Mann und ich haben viel Zeit miteinander verbracht. Auch dann, wenn wir in der Gemeinde viel gearbeitet haben. Das empfinde ich als außerordentlich schön. Wir haben morgens immer gemeinsam gefrühstückt. Auch gemeinsam Mittag gegessen, selbst wenn es schnell gehen musste. Oft sind wir danach eine halbe Stunde spazieren gegangen und haben dabei miteinander gesprochen. Und auch jetzt, wo mein Mann nur noch eine halbe Stelle hat, ich Bischöfin bin und einen anderen Rhythmus habe, verbringen wir möglichst viel Zeit miteinander. Wir lesen gemeinsam Zeitung, tauschen uns dabei aus, und wenn ich abends nach Hause komme, sitzen wir noch mit einem Glas Wein zusammen und reden.

Von meiner Mutter habe ich den Grundsatz übernommen, egal was war, man geht ohne Zorn und Groll ins Bett. Wir mussten uns als Kinder immer vor dem Schlafengehen entschuldigen, entweder mit Worten oder indem wir einander die Hand gaben. Das halte ich bis heute so.

In meinem Leben war ich oft die Erste. Das hat sich einfach so ergeben, denn ich bin eigentlich schüchtern gewesen. Das bin ich heute noch manchmal. Im meinem Zeugnis stand: still und zurückhaltend. Als Kind war ich schwierig und eigenwillig, als Jugendliche dann angepasster.

Ich musste in meinem Leben für mich immer einen Weg finden, dass die Dinge zu mir passen. Heute kann ich sagen, ich habe meinen Platz gefunden. Früher habe ich mich mehr an den Leitbildern für Männer orientiert. Ich wollte sein wie die Männer. Dann habe ich die feministische Theorie entdeckt, und ich habe gelernt, dass Frauen eine eigene Position haben. Eine eigene Sichtweise. Ich wollte später dann auch Pröpstin werden und wurde es.

Als ich Bischöfin wurde, war klar, dass ich mich nicht daran orientieren kann, wie die anderen es gemacht haben. Ich bin die erste Frau, die Bischöfin ist. Ich musste meinen eigenen Weg finden. Es gibt einen Kernbereich, der muss bewältigt werden. Aber darüber hinaus muss ich meinen individuellen Weg finden. Das fängt schon mit der Kleidung an. Ich habe meinen eigenen Stil und trage nur selten die offizielle Bischofskleidung. Heute führe ich mein Bischofsamt in vielem anders als meine Vorgänger. Manche finden das nicht richtig, aber das Amt muss zu mir passen. Und ich zum Amt. Ich muss identisch mit ihm sein.

Ich bin beispielsweise basisbezogen. Die Pflicht mache ich gerne. Ich möchte, dass alle Leute, die sich an mich wenden, eine ordentliche Antwort bekommen. Ich antworte auf alle Briefe. Und ich beschäftige mich mit Themen, die man bei mir nicht erwarten würde. Diakonische und gesellschaftliche Projekte. Ich tauche auf, wo ich nicht eingeladen bin. Ganz normal als Teilnehmerin. Ich möchte bestimmte Situationen kennen lernen, die mir unter die Haut gehen. Ich lasse das Leben ganz nah an mich heran. Neulich gab es eine Sammelabschiebung afrikanischer Männer. Da bin ich hingegangen und habe gesagt, ich möchte diese Situation gerne kennen lernen. Es ist mir ungeheuer wichtig zu wissen, wie fühlen Menschen, denen es dreckig geht. Ich lasse nicht nur meinen Kopf urteilen, ich muss die Dinge auch erfühlen.

Wenn ich wollte, könnte ich sehr abgeschottet bleiben. Mich chauffieren lassen zum Beispiel. Das will ich aber nicht. Ich fahre auch U-Bahn und S-Bahn und lasse mich von den Menschen ansprechen. Ich will auch die Normalität erfahren. Ich möchte den Blick von unten nicht verlieren. Wenn man nur in Gremien arbeitet, denkt man irgendwann in ausgetretenen Bahnen.

In den Sommermonaten besuche ich oft Projekte, wo wirklich Elendsarbeit geleistet wird. Davon bin ich immer beeindruckt und sehr lange down. Wenn man eine offizielle Delegation leitet, geht es meist nur um offizielle Belange. In Afrika oder China, Russland oder Japan will ich aber nicht nur an der Oberfläche bleiben, sondern mitten rein. Da denkt vielleicht mancher, die spinnt mal wieder. Wenn ich mich nur mit den Menschen an der Spitze abgebe, kann ich auch Broschüren lesen.

In der Krise liegt die Chance. Krisen beinhalten ja immer eine Unterbrechung des gewohnten Lebens. Es bricht etwas weg. Man muss sich neu orientieren. Man muss Weichen neu stellen.

Ich bin ein Fan von Unterbrechung. Deshalb sage ich, der Sonntag muss Sonntag bleiben. Ich predige zwar sonntags, aber ich gestalte ihn immer anders als den Alltag. Ich tue dann nur Dinge, die ich gerne mache. Mit meinem Mann nehme ich mir Zeit für stundenlange Spaziergänge. Diese besonderen Zeiten sind wichtig.

Ich staune immer wieder, wie schlicht ein Leben eigentlich ist. Luxus mag ich, lebe gerne in einem schönen Haus, ich gehe gerne – wenn auch selten – essen, kleide mich gerne gut. Aber das alles braucht man nicht, um zufrieden zu sein. Mir ist es wichtiger, Menschen anzunehmen, ernst zu nehmen. Solche Augenblicke sind mir wirklich wichtig. Man kann in einer Hütte auf dem Fußboden sitzen und ein Gespräch führen, das man als großes Geschenk empfindet. Wenn ich reise, brauche ich kein teures Hotel. Ich bin lieber bei den Leuten oder übernachte im Gemeindehaus. Mit

Menschen zusammen zu sein, mich angenommen zu fühlen, das ist mir wichtig.

Alter finde ich schön. Den Reifeprozess, den man durchmacht. Dass man sich über vieles nicht mehr allzu sehr aufregt. Ich kämpfe gerne, aber es muss nicht sein. Und diese Wunden, die früher geblutet haben, die gibt es nicht mehr. Das macht das Alter schön. Wunderschön fürs Älterwerden finde ich auch, dass wir modisch gesehen nicht mehr festgelegt sind, nicht mehr automatisch schwarz tragen müssen, wie das früher die Frauen taten. Dass wir zum Älterwerden stehen können. Als Kind wollte ich immer älter sein. Mit 30 hatte ich mein erstes graues Haar, und da dachte ich stolz, jetzt wirst du erwachsen. Ich wollte immer abgespannt sein. Das habe ich als Kind mit erwachsen gleichgesetzt.

In vielem fühle ich mich noch jung. In vielem spüre ich auch schon die Beschwerlichkeit des Alters. Meine Augen machen nicht mehr so mit. Ich bin – trotz der Not – dankbar gewesen für meine vielen Augenoperationen. Aber da spüre ich die Schwere des Altwerdens. Ich sehe nur noch eingeschränkt. Beim Gehen muss ich sehr aufpassen, sehe Stufen oft zu spät. Neulich bin ich mit Wucht gegen ein Schaufenster gelaufen. Davor habe ich Angst, und das macht mich unsicher. Ich weiß schon, was es heißt, unsicher und wackelig zu werden. Das ist mühsam. Wenn ich einen Gottesdienst halte, muss ich sagen, liebe Leute, ich kann nicht gut gucken, es muss alles stolperfrei sein. Früher fand ich weiße Streifen auf Stufen albern. Heute bin ich froh, wenn welche drauf sind. Ich bin sehr für mein Handicap bedauert worden. Ich selbst hadere nicht damit. Natürlich habe ich auch geheult, aber dann fiel mir ein, wer alles mit nur einem Auge lebt. Ich kann mit dem einen Auge noch lesen und dafür bin ich dankbar.

# Herausforderungen annehmen

*Ich habe bis jetzt keine Ursache, an der Vorsehung zu zweifeln.*

Gottfried Keller

Prof. Gesine Schwan, geboren 1943 in Berlin: »Man kann immer wieder neu anfangen«

*In dem altehrwürdigen Gebäude der Viadrina-Universität in Frankfurt/Oder herrscht reger Betrieb. Mittagszeit. Die Mensa ist bis auf den letzten Platz belegt. Es gibt Würstchen mit Kartoffelsalat. Zwei Studenten am Nebentisch diskutieren über Wirtschaftsfragen, ein Dozent kippt einen Kaffee herunter. Eine Etage höher befindet sich das Büro der Politikwissenschaftlerin und Viadrina-Präsidentin Professor Dr. phil. Gesine Schwan, die 2004 angetreten war, die erste Frau auf dem Stuhl des Bundespräsidenten zu werden. Ihre Studenten nennen sie liebevoll die »Schwänin«. Quirlig fegt sie durch ihr Vorzimmer, wirft sich in einen der abgewetzten Sessel in der Sitzecke ihres großen mit 50er-Jahre-Möbeln eingerichteten Büros und begrüßt mich mit einem breiten Lachen. Ihre viel diskutierte Lockenfrisur wippt auf und ab, wenn sie den Kopf bewegt. Sie trägt einen eleganten karierten Hosenanzug in Pastelltönen.*

*Ihre Interviews im Vorfeld der Wahl und die ehrlichen Gespräche, die sie mit Journalisten geführt hat, haben etwas bewegt. Sie war eine gute Verliererin, antwortete auf die Frage, ob sie enttäuscht vom Wahlergebnis sei, dass für sie keine Welt untergegangen sei. Sie habe ihre Kandidatur selbst als Chance gesehen, Themen zu setzen. Das ist ihr gelungen. In der Politik hat sie eine breite Diskussion über Vertrauen angeregt, privat sprach sie ganz offen über persönliche Krisen, Depressionen, Trauer, Schwermut und wie man gestärkt daraus hervorgehen kann. Sie erzählte von professioneller Hilfe, die sie gesucht hat, um aus ihrem persönlichen Tal herauszufinden. Und dass sie erkannt hat, dass man nicht immer nur stark sein kann. »Die Erfahrung der eigenen Schwäche hat mich stärker gemacht«, sagte sie. Solche Aufrichtigkeit schafft Nähe. Und Respekt.*

*Gesine Schwan ist im Reinen mit sich. Das strahlt sie aus. Ihre Augen sprühen, wenn sie erzählt, und ein »das geht mir auf den Keks« kommt ihr ebenso leicht über die Lippen wie eine gesetzte Rede in gepflegtem Wissenschaftlerdeutsch. Sie kann dozieren und plaudern, zum Besten geben und meckern. Sie kann hoch intellektuell, aber auch herzlich, bodenständig und warm sein. Sie ist ebenso sachlich wie charmant. Eine facettenreiche Persönlichkeit, die ganz oben steht, aber auch den Kontakt zu unten nicht verloren hat. Die bei ihren Studenten ebenso beliebt ist wie bei der Bevölkerung, welche sie in der Wahlzeit kennen und schätzen gelernt hat. Sie erzählt:*

Alles im Leben hat einen tiefen und manchmal unerwarteten Sinn. Denen, die harte Erfahrungen machen müssen, kann ich sagen, in Krisen stecken große Chancen. Ein leidvolles Schicksal tut natürlich sehr weh. Und zu viel hartes Schicksal wünscht man keinem. Aber im Allgemeinen ist die Krise gleichzeitig eine Chance, und die Zukunft ist viel offener, als man sich das vorstellen kann. Das kann ich gerade für negative Erfahrungen sagen.

Der Tod meines ersten Mannes und die Depressionen, die danach auftraten, waren für mich Auslöser, dass ich in meinem Leben Weichen neu gestellt habe. Mein Mann war mir sehr wichtig. Wir haben ein sehr enges Einvernehmen gehabt, haben viel zusammen gearbeitet. Ohne ihn wäre ich sicher nicht Professorin geworden. Er hat mich, meine Stärken und Schwächen, ganz gut erkannt und hat mich geschubst, dass ich Fächer gewechselt habe, dass ich habilitiert habe, mich an der Universität beworben habe. Mein Mann hat sehr ermutigend auf mich gewirkt. In manchen Dingen hat er mich auch schwierig herausgefordert, ohne dass er es bemerkt hat.

Als ich schon Assistentin war, habe ich nicht einmal daran gedacht, zu habilitieren. Das hing auch damit zusammen, dass meine so sehr emanzipationsorientierte Mutter mir, um es salopp auszudrücken, auf den Keks ging. Erst nachträglich weiß ich, dass sie mir sehr geholfen hat. Ich selbst wollte lieber ein friedvolles Zuhause mit Kindern haben.

Als mein Mann starb, war ich 46 Jahre alt. Sein Tod war der tiefste Einschnitt in meinem Leben. Natürlich war sein Tod ein Grund für große Traurigkeit. Im Zuge der Krebserkrankung meines Mannes und seines Todes habe ich Erfahrungen gemacht, die ich mir vorher nie habe träumen lassen. Aber die Ursache für meine danach auftretenden Depressionen lag tiefer. Ich brauchte lange, um alles zu verarbeiten. Jahrelang habe ich das Leid mit mir herumgetragen.

Als mein Mann erkrankte, war meine Tochter neun Jahre alt, mein Sohn elf. Als er starb, war mein Sohn 14, meine Tochter 12 Jahre alt. Ich war völlig fertig, und die Kinder standen vor einer besonders konfliktreichen Lebensphase, der Pubertät. Bei aller Depressivität habe ich gemerkt, ich kann das meinen beiden Kindern so nicht mehr zumuten. Die haben natürlich gespürt, dass ich sehr anders geworden war, als sie mich sonst gewöhnt waren. Das war sehr schwer für meine Kinder und sehr schwer für mich. Bis heute trägt jeder auf seine Weise noch sein Päckchen.

Das sind Hypotheken, die ich nicht gewollt habe, die ich aber nicht habe vermeiden können. Da kann ich nur sagen, so ist das Leben. Wir erhalten Hypotheken von der vorhergehenden Generation, die das sicher auch nicht bewusst gewollt hat. Und genauso geben wir auch welche weiter, ohne das bewusst zu wollen. Die Vorstellung, man könnte Krisen vermeiden, ist sehr naiv. Man kann immer wieder Neuanfänge versuchen. Aber es muss einem klar sein, dass das immer mit Gepäck geschieht. Es ist auch besser, sich klarzumachen, dass es nicht möglich ist, seine Kinder ohne dieses Gepäck ins Leben zu schicken. Sonst hat man ständig Schuldgefühle.

Rückblickend muss ich sagen, selbst in meiner depressiven Phase, wo ich ein bisschen wie gespalten war, habe ich schöne menschliche Erlebnisse gehabt. In meiner tiefsten Krise kam plötzlich eine Nachbarin auf der Straße auf mich zu und nahm mich spontan in den Arm. Solche Erfahrungen machte ich auch im Beruf.

Aber wenn man in einer Depression steckt, erreicht einen das nicht. Die Probleme haben sich so zugespitzt, dass ich gezwungen war, einen neuen Anfang zu machen.

Ich habe mir schließlich professionelle Hilfe geholt, habe eine Psychoanalyse gemacht. Dieser Erkenntnisprozess, das Begreifen von emotionalen und Verstandeserfahrungen, klappt nicht bei jedem. In meinem Fall hat es funktioniert. Dass die Blockaden aufgelöst wurden, hängt natürlich auch von der Fähigkeit des Analytikers ab.

In dieser Krise lag für mich eine große Chance, die ich instinktiv genutzt habe. Während der Analyse habe ich erkannt, dass ich sehr stark dazu neige, mir alles aufhalsen zu lassen, um andere zu schonen. So habe ich mich permanent psychisch und physisch überfordert und es nicht erkannt. Das hing eng damit zusammen, dass ich schon als Kind Verlustängste hatte. Die hat in gewisser Weise jeder Mensch. Aber ich habe oft nicht wahrhaben wollte, dass Menschen, die mir besonders wertvoll sind, die ich besonders mag und von denen ich mich abhängig fühlte, mir weh getan haben. Nicht willentlich. Aber sie haben es getan. Es gab einige Schlüsselerlebnisse, und heute weiß ich, ich habe immer geschluckt. Ich habe es mir nicht eingestehen wollen, dass ich mich verletzt gefühlt habe.

Beim Rückerleben in der Therapie habe ich manchmal körperlich gezittert, wenn ich an diese Szenen dachte. Da hat mein Körper mir gezeigt, dass er ein Gedächtnis hat. Die Speicher des Gedächtnisses sind sehr vielfältig. Der Körper ist ein wichtiger Gedächtnisort. Er hat mir im wahrsten Sinne des Wortes auf die Sprünge geholfen, ist angesprungen bei bestimmten Erinnerungen. Das hat mir geholfen, Wege zu finden, Probleme auszusprechen. Ich habe gelernt, die Dinge, die mich verletzen, zur Sprache zu bringen, ohne deswegen mit den Menschen zu brechen. Damit steigt die Qualität einer Beziehung.

Ich hatte auch immer Angst, anderen Menschen etwas zuzumuten. Ich dachte, ich darf anderen nicht zu viel aufhalsen. Jetzt weiß ich, diese Einstellung ist ganz schlecht, denn dadurch können Menschen sich unterfordert und beleidigt fühlen. Ich selbst habe das ja auch nicht so gerne, wenn ich so furchtbar geschont werde. Gut, wenn ich physisch völlig im Eimer bin und jemand sagt mir, setzt dich mal. Das ist in Ordnung. Aber wenn ich das Gefühl habe, jemand traut mir etwas nicht zu, das gefällt mir nicht.

Auch das hat natürlich seine Ursache in familiären Erfahrungen. Man denkt, etwas kann zerbrechen, wenn man nicht schützend die Hand darüber hält. Dass man jemanden vor etwas bewahren will. Ich habe begriffen, dass man sich das Leben mit dieser Einstellung selbst schwerer macht. Mit der Methode der Psychoanalyse habe ich gut Abhilfe schaffen können.

Mit Anfang oder Mitte 50 hat es so etwas wie ein Revival gegeben. Deshalb kann ich die Erfahrung, in der Mitte des Lebens beginnt der Abstieg, überhaupt nicht bestätigen. Jahrelang habe ich mich abgequält und dann ging es bergauf. Ich fühle mich auch nicht schwächer oder weniger neugierig oder leistungsfähig als früher. Ich habe in den letzten Jahren sehr viele neue und reiche Entwicklungen durchgemacht. Das hängt sicher auch damit zusammen, dass ich im Laufe der Jahre sehr viele neue Erfahrungen habe sammeln und verarbeiten können. Die Erfahrung wird zunehmend als ein hohes Gut in der Gesellschaft erkannt.

Eine Erfahrung ist: Wenn man menschliche Defizite hat, kann man lernen, sie zu verändern. Für mich war beispielsweise ein Leben lang ein Problem, dass ich so wirkte, als drängte ich andere beiseite. Schon als Kind war ich total ehrgeizig. Zugleich dazu erzogen, mich auch in andere hineinzuversetzen und mir vorzustellen, was meine starke Präsenz für andere bedeutet. Das war das Erziehungsziel meiner Mutter, für das ich ihr sehr dankbar bin.

Als Kind ist es mir nicht besonders gut gelungen, mich zurückzunehmen. Ich habe dann übertrieben versucht, mich klein zu machen, um dann wieder anders übers Ziel hinauszuschießen. Je älter ich wurde, umso besser habe ich für mich selbst lernen können, mich zu temperieren, so dass ich auf andere weniger einengend wirke. Ich höre besser zu, bin aufmerksamer und neugierig, muss nicht mehr immer selbst sprudeln.

Ich habe insgesamt gelernt, mehr Geduld zu haben. Auch durch die Erfahrungen des Scheiterns habe ich mehr Geduld gewonnen. Oft kommt es ja ganz anders, als man sich denkt. Aus Scheitern und aus Traurigkeit resultieren Gewissheiten, die ich heute, so bitter sie damals waren oder noch sind, nicht missen möchte. Ich kann heute auch besser wegstecken.

Am Menschen bin ich sehr interessiert. Ihn zu beobachten, mit ihm umzugehen, das macht mir Spaß. Ich habe in Deutschland, Frankreich, Polen und Amerika gelebt und gearbeitet. Bei den Aufenthalten dort habe ich die Sprachen erlernt. Auch Menschen und menschliche Einstellungen habe ich kennen gelernt und sehr unterschiedliche Arbeitsmilieus.

Ich arbeite sehr viel. Mit den Anforderungen kann man es natürlich auch übertreiben. Wenn ich alles, was ich an Energie habe, aus mir herausgequetscht habe, muss ich darauf achten, wieder in Balance zu kommen, körperliche Signale wahrzunehmen.

Mein Körper teilt mir durch allergische Reaktionen, die nur mit Kortison weggehen, mit, wenn ich mich überfordere. Besonders in schwierigen Phasen, wenn es zu dicke kommt, meldet sich die Allergie. Das liegt an einer allgemeinen Immunschwäche, die sich bei großer Mehrbelastung einstellt, und es ist natürlich der falsche Weg, die körperlichen Signale auf Dauer mit Kortison zu bekämpfen. Ich muss mir stattdessen mehr Ruhe gönnen, muss darauf achten, dass ich genug Schlaf bekomme, kann nicht jeden Morgen in aller Frühe immer wieder die Zähne zusammenbeißen und mich rausquälen. Inzwischen überlege ich mir sehr genau, ob ich um sechs Uhr in der Frühe schon im Flugzeug sitzen muss.

Bereichert hat mich in meinem Leben alles. Ich wüsste nicht, was mich nicht bereichert hätte, das Positive wie das Negative. Menschen, die für mich sehr wichtig waren, waren meine Eltern, mein Bruder, meine Kinder und ganz stark mein Mann. Unverzichtbar sind mir auch meine vielen Freunde. Ich habe anlässlich der Bundespräsidentenwahl oft daran gedacht, weil sich viele aus frühester Kindheit bei mir gemeldet haben. Da dachte ich, wie reich bin ich an menschlichen Begegnungen.

Eine große Nähe hatte ich zu Jutta Eigen, der verstorbenen Frau meines jetzigen Mannes Peter Eigen. Die entwickelte sich, als ich erfuhr, dass sie Krebs hat. Die Eigens waren unsere Nachbarn. Nach der Krankheit meines Mannes fühlte ich mich zu ihr hingezogen. Ich habe gemerkt, wie wichtig es ist, ohne Scheu mit dieser Krankheit Krebs umzugehen. Mit dem nötigen Takt als Gesprächspartner zur Verfügung zu stehen. Jutta Eigen hat großen Eindruck auf mich gemacht. Mit welcher Bescheidenheit, Würde, Güte und Sorge für ihre Familie sie ihre Krankheit getragen hat. Wir haben zu dritt sehr offen über alles gesprochen.

Nach Juttas Tod haben wir weiter sehr offen gesprochen. Aus der Freundschaft hat sich eine Liebe entwickelt. Für eine Partnerschaft finde ich nicht nur wichtig, dass man sich spontan mag und sich gegenseitig anzieht. Natürlich spielt die Sinnlichkeit immer eine Rolle, egal wie alt man ist. Man muss sich aber auch gegenseitig achten und respektieren können. Sich gehen lassen finde ich für eine Partnerschaft ganz schlecht. Das heißt nicht, dass man sich furchtbar anstrengen muss. Aber wenn man Schwächen hat, darf man sie nicht gerade an dem geliebten Menschen auslassen. Die Idee, ich kann in der Partnerschaft einfach tun und lassen, was ich will, finde ich nicht richtig.

Verlässlichkeit finde ich enorm wichtig, aber auch, sich gegenseitig Freiheit zu gewähren. Was für mich eine große Bedeutung hat, ist Gefühlsstärke. Damit meine ich, der Kopf muss einigermaßen geradlinig denken können. Die Art des Denkens ist ja geprägt durch die Persönlichkeit, durch die Subtilität, die Antennen, die man ausfährt, um die Wirklichkeit kennen zu lernen.

Wenn man in meinem Alter eine Partnerschaft eingeht, hat man den großen Vorteil, dass man nicht mehr Familie gründen, Kinder bekommen, sich über pädagogische Fragen einigen muss. Da ist es dann auch nicht mehr nötig, dass man weltanschaulich bis ins Letzte übereinstimmt. Doch ein innerer Reichtum ist sehr gut, und miteinander den inneren Reichtum zu entwickeln, auch.

Früher hätte ich gesagt, es muss im religiösen Bereich eine große Übereinstimmung geben. Das war mit meinem ersten Mann so. Wir waren beide katholisch. Mit meinem zweiten Mann ist das anders. Der religiöse Bereich ist für mich sehr viel wichtiger als für ihn. Er hat immer ein bisschen Mühe, meine Welt zu verstehen. Er ist nicht in erster Linie philosophisch, sondern pragmatisch ausgerichtet. Er will handeln, er will auf dieser Welt etwas verbessern. Das will ich auch, aber die Transzendenz ist für mich ein Leben lang sehr wichtig gewesen.

Der Glaube ist nichts, das einfach in den Schoß fällt. Er ist eine Anstrengung und voller Risiken. Auch der innerweltliche Glaube ist ein Wagnis, nicht nur der religiöse Glaube. Wie auch Liebe und Treue Bemühen, Anstrengung, Risiko und Wagnis enthalten. Auf der anderen Seite ist der Glaube ein Geschenk. Wie jeder gelungene Moment, jeder Augenblick des Lebens sich nicht von selbst versteht, sondern ein Geschenk ist. Deswegen weiß ich auch, dass ich mich jeden Augenblick in meinem Leben darauf einstellen muss, dass es von heute auf morgen vorbei sein kann. Ich glaube auch, dass der Tod nicht das absolute Ende ist. So wenig, wie ich mir vorstellen kann, wie es weitergeht, so stark ist tief in mir die Gewissheit, dass danach eine andere Wirklichkeit ist.

Ein Glück ist, dass unser beider Kinder sich sehr positiv zu uns stellen.

Durch meine Kandidatur zur Bundespräsidentin hat sich unsere Beziehung noch einmal gefestigt, obwohl wir schon vorher ziemlich einig waren, dass wir eng zusammen sein wollten. Es war verblüffend, dass es in dieser ganz außergewöhnlichen Herausforderung mit uns beiden harmonierte.

Dass mein Mann seine Rolle gut spielen würde, war für mich keine Frage. Er hatte kein Problem damit, irgendwann im Hintergrund zu stehen. Er hat in seinem Leben so viel eigenen Erfolg gehabt, das war für ihn kein Thema. Da war ich völlig ruhig und sicher. Aber es hätte ja sein können, dass wir nervös oder gereizt gewesen wären. Dass uns die Enge der Termine zu schaffen gemacht hätte. Doch es war ganz leicht.

Eine wichtige Erfahrung habe ich in den Jahren gemacht, in denen ich alleine gelebt habe. Männer, die in meinem Alter nicht wirklich stabile Beziehungen hatten, die können es dann nicht. Die haben letztlich nicht die Fähigkeit, sich wirklich zu binden.

Meine Wertvorstellungen sind bis heute sehr stark vom Elternhaus geprägt und haben sich für mich im Alter nicht verschoben. Nämlich aus meinem Leben etwas zu machen, etwas für die Menschen zu machen, Frieden zu stiften, das Glück anderer Menschen mitzustiften, wenn man es kann. Auch das eigene Glück stiften, in der Beziehung etwas Schönes zu gestalten. Aber nur dann, wenn man es mit Blick auf den anderen tut. Die Dimension der Menschlichkeit ist wichtig. Die Devise, zu der meine Eltern mich erzogen haben, war, mach das Beste aus dir. Lass deine Begabungen nicht brachliegen. Leiste etwas. Das musste nicht Karriere sein. Es ging darum, irgendetwas Sinnvolles beizutragen.

Das waren meine Wertvorstellungen als junger Mensch, und die habe ich noch heute. Mein Motto ist das Paulus-Wort: Lass dich nicht vom Bösen überwinden, sondern überwinde du das Böse durch das Gute. Als Kind fand ich das blöd, aber später trug es zur Lebenstüchtigkeit bei.

Wenn ich heute fürs deutsch-polnische Verhältnis etwas tun kann, kann ich sagen, es war mir schon als Studentin ein Wunsch. Ich erinnere mich an eine Szene, als ich meine Doktorarbeit in Warschau vorbereitete. Ich ging zur Messe und da betete ich, Herr hilf mir, dass ich etwas fürs deutsch-polnische Verhältnis tun kann. Ich wollte auch fürs europäische Verhältnis und fürs deutsch-französische etwas tun.

Den Lebensabschnitt, den ich gerade durchlaufe, finde ich wunderbar. Ich empfinde ihn als jugendlichen Neubeginn. Das ist einfach so, wenn man verliebt ist. Was ich mir gar nicht vor Augen führe, ist, ob er noch lange dauern wird, und wie viel Zeit ich noch vor mir habe. Mit 35 Jahren habe ich gedacht, du hast nicht mehr viel Zeit. Jetzt empfinde ich das überhaupt nicht mehr so. Ich möchte noch vieles Schöne machen. Sowohl beruflich als auch mit meinem Mann.

Das Bedürfnis, noch einmal jung anzufangen, habe ich nicht. Ich möchte jetzt nicht 40 sein, sondern so alt, wie ich bin. Ich habe nicht das Gefühl, dass ich aufgrund dessen, dass ich nicht mehr 40 bin, weniger Anerkennung habe. Nicht einmal, dass ich als Frau weniger akzeptiert werde. Ich höre sogar immer wieder von Männern, die zehn oder 15 Jahre jünger sind, dass sie über ältere Frauen sagen, das ist eine tolle Frau.

Wenn ich Entscheidungen vor mir habe, denke ich nie in Risiken, sondern nur in Chancen. Das ging mir so, als ich die Leitung dieser Universität übernommen habe und als ich mich der Bundespräsidentenwahl gestellt habe. Noch am Vorabend der Wahl habe ich gesagt, es ist alles drin. Es ist drin, dass nicht mal die gesamte Gruppe der Grünen und Sozialdemokraten für dich stimmen. Das wäre natürlich peinlich gewesen. Es ist aber auch drin, dass du gewinnst. Ich sah alle Möglichkeiten. Letztlich war ich innerlich immun, auch gegen die schlechteste Lösung. Weil ich mir gesagt habe, ich habe mein Bestes versucht. Ich hatte ja auch nicht erwartet, dass meine Kandidatur in der Öffentlichkeit derart positiv aufgenommen wurde. Ich war positiv überrascht.

Zu manchen Dingen gehört eine Portion Naivität. Wer nicht naiv ist, kann nichts Neues schaffen. Wenn man die Welt zu skeptisch sieht, kommt man nicht weiter. Ich bin gegen Niederlagen gewappnet und finde, dass sie zum Leben dazugehören.

Vom lieben Gott bin ich gut gesegnet gewesen. Mit Gesundheit, mit einer Art aufzutreten, die mir oft Freunde gewonnen hat. Das führt zu einer Ruhe im Umgang mit anderen. Es sind immer wieder Türen aufgegangen, Anfragen an mich gegangen, die wichtige Herausforderungen waren, die ich angenommen habe. Daraus ergab sich in meinem Leben eine Linie, die nicht geplant gewesen ist.

Wichtig finde ich, seine Talente nicht brachliegen zu lassen, nicht nach Prestige zu gucken, sondern nach dem eigenen inneren Weg.

Wir haben heute viel mehr Chancen als die Generationen vor uns. Wir werden nicht mehr betrachtet, als gehörten wir auf das Abstellgleis. Psychisch muss man nicht altern. Die Seele altert nicht, sie wird reicher. Wenn es zu Ende ist, nehme ich nicht Abschied mit dem Gedanken, dass ich viel verpasst habe. Oder dass mir etwas entgangen ist. Im Gegenteil, ich finde, dass ich reich beschenkt worden bin.

## Inneren Reichtum suchen

*Es glaubt der Mensch, sein Leben zu leiten, sich selbst zu führen, und sein Innerstes wird unwiderstehlich nach seinem Schicksale gezogen.*

JOHANN WOLFGANG GOETHE

Roswitha Broszath, geboren 1945 in Marburg: »Die Seele altert nicht«

*Die Berliner Astrologin, Heilpraktikerin und heilkundliche Psychotherapeutin Roswitha Broszath lernte ich kennen, als ich bei der Zeitschrift »Woman« angestellt war. Sie schrieb die regelmäßig erscheinenden Horoskope. Wir mussten öfters telefonieren und kamen so ins Gespräch. Irgendwann fragte sie nach meinem Geburtsdatum und sagte mir, was sie in meinem Horoskop sehe. Ich war verblüfft, wie zutreffend diese Aussagen waren. Und nach jedem Telefonat dachte ich, was für eine wohlwollende und positive Frau. Sie tat mir richtig gut.*

*Zu der Zeit stand ich beruflich an einem Wendepunkt, dachte darüber nach, mich wieder selbständig zu machen. Ich war fest angestellte Redakteurin, hatte die 13 Jahre davor aber als freie Journalistin und Buchautorin gearbeitet. Jeder sagte: »Halte die Stelle fest. Wer weiß, ob du in deinem Alter jemals wieder angestellt wirst. Denk an die Sicherheit. Sei nicht blöd. Die Zeiten sind schlecht und jeder, der eine feste Anstellung hat, ist froh.« Frau Broszath war eine der wenigen, die mir Mut gemacht haben, meiner inneren Stimme zu folgen. Die mein Vertrauen in meine eigene Kraft gestärkt haben. Sie bestätigte mir nicht nur, dass astrologisch für mich eine gute Zeit sei, mich auf meine eigenen Füße zu stellen. Dass ich mich über mangelnde Aufträge nicht würde beklagen müssen. Sie ermutigte mich auch, meiner Intuition zu folgen und im Beruf loszulassen. Ich machte eine Yogalehrerausbildung und bin nun auch Yogalehrerin. Inzwischen kann ich rückblickend sagen, meine Entscheidung, trotz meines fortgeschrittenen Alters wieder in die Selbständigkeit zu gehen, war richtig. Es geht mir beruflich ausgesprochen gut, und so gesehen hatten die Sterne Recht. Als ich dieses Buch anfing zu schreiben, wollte ich unbedingt ein Interview mit Roswitha Broszath, die mir so lebensklug und freundlich zur Seite gestanden hatte, machen. Weil ich wusste, dass ein Gespräch mit ihr eine große Bereicherung für dieses Buch sein würde. Sie erzählt:*

Die Seele altert nicht, sie bleibt unverändert. Und so fühlt man sich manchmal wie 70 und manchmal wie 17. Deshalb kann man so schwer nachvollziehen, dass man alt wird. Wir haben zudem die große Chance, uns um uns selber kümmern zu können. Und wer das kann, altert nicht so schnell.

Aber: Alt werde ich später? Schön wäre es, wenn man das mit Bestimmtheit sagen könnte. Manchmal überlege ich, wie ich wohl aussähe, wenn ich mich zur Ruhe setzen würde. Nicht mehr arbeiten, keine Fortbildungen mehr machen würde. Mit Sicherheit würde mir das alle positive Spannkraft nehmen. Geistige Unbeweglichkeit ist wohl die sicherste Variante, früher zu altern.

Ich möchte im Einklang mit mir und dem Kosmos, den göttlichen Gesetzen leben. Ich war immer eine Suchende. Zuerst in der Religion. Hier habe ich mir all das herausgesucht, was für mich stimmt. Bis heute bin ich damit befasst, mich immer wieder anzufüllen, zu inspirieren. Die Suche nach dem Weg zu Gott ist mir das Allerwichtigste. Die Suche ist nie zu Ende. Wie ein Nomade muss ich immer weiterziehen. Das macht das Leben aber auch erst spannend.

Ich bin der Überzeugung, wir müssen uns nicht auf eine Religion festlegen. Alle Wege führen zu Gott. Ich brauche die Freiheit, aus dem Zen-Weg für mich herauszuholen, was für mich stimmt, aus der jüdischen und der Sufi-Tradition. Ich habe bei den Buddhisten ebenso nachgesehen wie bei den Hopis oder in der Hindureligion. Bei den Buddhisten bin ich genauso zu Hause wie im Christlichen, wie in der islamischen Tradition, in der sehr viel Wertvolles steckt. Wir haben hier ja überwiegend mit dem einen Gesicht, dem Fundamentalismus, Kontakt. Der macht den Islam überhaupt nicht aus. In dieser Religion steckt so viel Liebe, und ich finde es unendlich schade, dass so ein verzerrtes Bild gezeigt wird.

Ich komme aus einer streng protestantischen Familie. Mütterlicherseits sind wir stark calvinistisch geprägt. Alle Vorfahren kommen aus typischen Hugenottenorten. Diese calvinistische Linie habe ich sehr verinnerlicht. Bisweilen habe ich als Kind unter der

Strenge gelitten. Jeden Morgen gab es eine Morgenandacht und jeden Abend eine Abendandacht. Von daher bin ich in der Bibel absolut zu Hause. Ich kenne weder Kartenspiele noch große Festlichkeiten. Das alles gab es bei uns nicht. Das Elternhaus mit der religiösen Prägung empfinde ich aus meiner heutigen Sicht als sehr wertvoll. Ich bin ja noch zu Nächstenliebe und Mitgefühl erzogen worden. Dafür bin ich sehr dankbar, aber es liegt auch in mir drin.

Wir halten uns so oft an Dingen fest, die nicht maßgeblich sind. An Äußerlichkeiten. Wenn ich wirklich etwas in diesem Leben gelernt habe, eine Erkenntnis gewonnen habe, dann ist es die, dass alles Äußere mit meiner inneren Zufriedenheit nichts zu tun hat. Und das ist eigentlich eine sehr schöne Erfahrung.

Die stärkste Motivation in meinem Leben war immer das Bedürfnis, etwas Sinnhaftes zu tun. Die Sinnsuche hat mich in allen Lebenssituationen nach vorne gezogen, hat meinem Leben Inhalt, Farbe und Glanz gegeben. Die Überzeugung, es gibt etwas, wofür es sich lohnt zu leben, hat mir geholfen, aus jeder verfahrenen Situation wieder herauszukommen. Es lohnt, mit aller Kraft die eigene Berufung und Bestimmung zu suchen.

Ich glaube, dass jeder Mensch mit seinem ureigenen Weg, den er gehen muss, auf diese Welt kommt. So, wie jeder Samen weiß, was er werden soll, hat der Mensch in sich einen Plan, ein Ziel und eine Bestimmung. Aber es ist nicht versprochen, dass wir dieses auch erreichen. Das liegt bei uns. Das hat mit der Freiheit zu tun, seinen Weg zu gehen. Mit dem Annehmen der Aufgabe, die gestellt ist. Das ist ganz klar Arbeit. Und diese Arbeit an mir selbst empfinde ich als sinnvoll und bereichernd.

Ich kann es mir natürlich leicht machen und meinen Weg ignorieren. Aber nur, wenn ich nicht vorher aufgebe, resigniere oder selbstzufrieden werde, die Entwicklung nicht verweigere, werde ich glücklich. Wenn ich aufgebe, erinnert mich irgendwann der Kosmos mit Krisen und Einschnitten daran, dass ich von meinem Weg abgekommen bin. Dass ich mich besinnen soll.

Im Prinzip ist der Kosmos unendlich geduldig. Viel geduldiger als wir mit anderen Menschen oder mit uns selbst sind. Es gibt sicher auch leichtere Phasen, doch dann kommen auch wieder Impulse, Zeichen und Hilfen, um auf den Weg zurückzufinden. Eigentlich ist es unwichtig, wann wir es schaffen, unsere Bestimmung zu leben. Wichtig ist, dass wir überhaupt an unser Ziel kommen. Nach meiner Erfahrung gibt es Zeiten, in denen sich karmisch etwas zusammenballt. Entweder krisenhaft oder krisenauflösend. Generell gilt: Circa alle sieben Jahre findet eine elementare Veränderung statt.

Astrologisch gesehen sprechen wir zwischen 29 und 31 Jahren von der ersten Saturnrückkehr. Das ist die Phase des eigentlichen Erwachsenwerdens. Man spürt, wer man ist und wo die Reise hingehen könnte. Mit 37 Jahren übernimmt der Seelenstrahl dann die Herrschaft. Wenn jemand in meine Praxis kommt, frage ich deswegen gerne, was haben Sie denn in der Zeit begonnen, als Sie 37 oder 38 Jahre alt wurden? Das ist die Phase, in der sich die eigentliche Bestimmung zeigt.

Ich selbst z. B. habe mit 37 Jahren meine eigene Praxis als Heilpraktikerin und heilkundliche Psychotherapeutin eröffnet. Diese Ausbildung habe ich mit 31 Jahren begonnen. Mit 37 Jahren habe ich auch meinen zweiten Mann geheiratet, mit dem ich auch heute noch zusammen bin. Das war auch für mich die Zeit, wo ich meine eigentliche Bestimmung gefunden habe.

Auch ein Saturntransit inspiriert uns, unser Leben zu hinterfragen. Ob wir uns von unserem Weg entfernt haben. Allerdings hat jeder Mensch einen eigenen Rhythmus. Es gibt Personen, die viel stärker Jupiter mit seinem 11-jährigen Zyklus spüren. Oder den Mondknotentransit. Ein Mondknotenumlauf dauert ca. 18,5 Jahre. In diesem Zeitraum ist ein Lebensthema mit allem, was dazugehört, abgeschlossen. So folgt jeder seinem eigenen Stern, seinem Tempo, seinem speziellen Plan. Man kann beobachten, dass bei jedem Menschen etwas anderes wirksam ist.

Mir hat die Astrologie in meinem Leben immer geholfen. Sie hat mir Klarheit verschafft über das, was mir begegnet ist. Ich habe erfahren, je früher man sich seiner Aufgabe stellt, desto leichter ist es. Nichts lässt sich wirklich dauerhaft verdrängen. Denn Verdrängung macht krank.

Das Leben kann selbst mit 65 noch einmal richtig zusammenbrechen. Das ist nicht so selten. Man denkt ja gemeinhin, die spannenden aufregenden Aufgaben sind bei 35 Jahren angesiedelt und danach ist das Leben ein ruhiger Fluss. Keineswegs. Es kann im Alter genauso turbulent werden wie in jungen Jahren.

Ich erlebe in meiner Praxis häufig, dass ein Klient zu mir kommt und sagt, ich bin 30 oder 40 Jahre verheiratet, und jetzt zerbricht meine Ehe. Dass in einer späten Lebensphase das Leben noch mal ganz und gar auf den Kopf gestellt wird, nimmt sogar stark zu. Und das kann natürlich immer noch einmal eine enorme Chance sein.

Mein erster starker Einschnitt im Leben war der frühe Tod meiner Großmutter, an der ich sehr gehangen habe. Ich war gerade sechs Jahre alt. Meine Großmutter ist schwer gestorben. Zu Hause. Es war ein furchtbarer Todeskampf, der bei mir eine große Angst vor dem Tod ausgelöst hat. Aus diesem Erlebnis heraus habe ich mich ganz früh mit dem Thema Tod und Wiedergeburt auseinander gesetzt. Folgerichtig habe ich ganz früh angefangen, Bücher zu lesen, die sich mit dem Thema Tod und Wiedergeburt befassten.

Damals hieß es in meiner Familie, deine beiden Brüder müssen studieren. Für dich als Mädchen ist das nicht so wichtig, du heiratest ja sowieso. Alles, was ich bin, habe ich mir selbst erarbeitet. Ich musste viele Umwege machen. Zuerst habe ich den Beruf einer pharmazeutischen Assistentin gelernt.

Alles Weitere habe ich mir aufgrund meiner eigenen Initiative erarbeitet. Mein jüngerer Bruder ist Theologe. Er sagt oft, durch mich habe er erst so richtig verstanden, was es heißt, mit seinen Pfunden zu wuchern. Wie es ja so schön in der Bibel heißt.

Mit 25 Jahren habe ich eine Führungsposition als Schulungsleiterin in einem großen Kosmetikkonzern übernommen. Ich hatte damals schon eine Position, die für mein Alter eher ungewöhnlich war, die mich aber nach fünf Jahren nicht mehr ausfüllte. Ich dachte, dieser Beruf kann nicht der Sinn meines Lebens sein. Innen und außen stimmten überhaupt nicht überein.

Mit 30 Jahren kam ein starker Bruch. Beruflich wie privat. Mit 25 Jahren hatte ich geheiratet, und die Verbindung habe ich mit 30 wieder aufgegeben. Diese Ehe war einfach schrecklich, aber auch eine große Herausforderung. Ich habe viel gelernt. Ich wäre niemals an meine Essenz herangekommen, wenn ich nicht so ganz stark auf mich selbst zurückgeworfen gewesen wäre. Ich war der erste Mensch in der gesamten Familiengeschichte, der sich hat scheiden lassen. Meine Eltern kamen damit nicht nur nicht klar, ich habe keinerlei emotionale Unterstützung bekommen und bin sogar angegriffen worden. Ich habe aber gespürt, wenn ich weiter in dieser Ehe geblieben wäre, wäre ich untergegangen.

Ich habe nach meiner ersten Ehe ganz neu angefangen. Und bin wie neugeboren da herausgekommen. Wie Phönix aus der Asche. Die Zeit von 24 bis 31 Jahren war zwar unglaublich hart. Aber sie hat mich an meine Tiefen gebracht. Heute weiß ich, wenn ich diese Herausforderung nicht gehabt hätte, hätte ich mich nicht in meiner Gesamtheit entwickeln können. Allerdings hatte ich nach dieser Befreiung überhaupt erst Zeit, Kraft und Muße, mich selbst wahrzunehmen.

Dieses »Werde, was du bist«, ist ja eine uralte Weisheit. Aber das ist so leicht gar nicht umzusetzen. Ich hatte das Glück, immer im richtigen Moment wertvolle Menschen zu treffen, die mir wesentliche Impulse für meine Entwicklung gegeben haben. Immer die Inspiration, die ich gerade brauchte. Durch diese Begegnungen habe ich erst eine Vorstellung davon bekommen, was an Potenzial alles in mir ist. Ja, und dann habe ich alles daran gesetzt, mich und meine Visionen zu verwirklichen.

Ich glaube an Fügung und Führung. Ich denke, dass uns bestimmte Ereignisse zugedacht sind. Es steht allerdings nicht fest, wie wir darauf reagieren. Das ist unsere Freiheit. Wir kommen nicht als leeres Blatt in dieses Leben. Wir bringen Karma mit und bereits im Vorgeburtlichen findet Entwicklung und Prägung statt. Die Bedingungen in der Kindheit sind Trainingsfeld, die Ereignisse auf unserem weiteren Weg sind die notwendige Entwicklungsspannung. An Führung glaube ich in dem Sinne, dass wir Hilfe bekommen.

Ich habe beispielsweise immer an mir gearbeitet, habe eine Analyse gemacht, Supervisionen, meine psychologischen Ausbildungen, Psychodrama, prozessorientierte Psychologie, spirituelle Psychotherapie, Katathymes Bilderleben. Ich bin dadurch immer in Kontakt mit meinen inneren Schichten und mit meiner Seele geblieben. Wenn man sich an diesem Leitfaden orientiert, dann bekommt man wirklich Unterstützung aus dem Kosmos, und das nenne ich Führung.

In unserer Kultur glauben die Menschen ja gerne, alles selbst in der Hand zu haben. So frei sind wir gar nicht. Die einzige Freiheit, die wir haben, ist die, wie wir uns unserem Schicksal stellen. Ob wir hadern oder es annehmen. In allen spirituellen Religionen ist gut beschrieben, dass es vor allem darum geht, sein Schicksal anzunehmen, ohne sich als Opfer zu sehen. Nicht zu klagen, sich nicht immer benachteiligt zu fühlen, sondern zu sagen, dieses ist mein Weg. Ich nehme ihn an und habe die Kraft, mein Schicksal zu tragen. Mir gefällt ein Bild ganz besonders gut: Das Schicksal ist wie ein Engel, der mich begleitet. Mich mit ihm zu versöhnen, mit ihm eins zu werden, das ist das eigentliche Lebensziel. Selbst für die schwierigsten Lebenssituationen gilt: Man kann aus Stroh Gold machen. Das ist meine persönliche Erfahrung. Die Beziehung zu meiner Mutter war beispielsweise nicht gut. Ich hatte zudem einen sehr strengen Vater, verbittert durch die Enttäuschung und die Traumata des Krieges. Ich musste in meiner Kindheit einiges einstecken. Doch es war auch ein Reichtum darin. Es hatte auch eine positive Seite. Disziplin und Durchhaltevermögen habe ich durch diese Herausforderung entwickeln können. Es steckt in allem ein Sinn. Ich hätte mich mit mir doch nie so intensiv beschäftigt, wenn ich eine wunderbare Kindheit gehabt hätte.

Natürlich gibt es Situationen, die unendlich schmerzlich sind. Es gibt Schicksalsschläge, denen wir hilflos ausgeliefert sind. Wenn man einen geliebten Menschen verliert, dann ist das einfach nur furchtbar. Solche Abschiede schmerzen unendlich. Manche Wunden heilen eben nicht wirklich. Da wird höchstens der Schorf dicker. Abschied ist auch ein großes Thema, mit dem ich mich in meiner Praxis immer wieder auseinander setzen muss.

Zu sehen und nie zu vergessen, dass wirklich jeden Tag der Tod um unsere Füße schleicht, ist da wohl die Botschaft für mich. Ich fühle mich nicht wie 60. Ich frage mich, was ist in der jetzigen Lebensphase anders? Ich arbeite unglaublich viel. Ich bekomme in meiner Praxis eine Menge positive Rückmeldungen, dass meine Arbeit unterstützend und hilfreich ist. Ich habe das unendliche Geschenk in diesem Leben, dass ich alles, was ich beruflich mache, auch als Leidenschaft bezeichnen kann. Ich mache alles, aber auch wirklich alles mit Herzblut. Von daher arbeite ich für mein Alter fast zu viel.

Es gibt auch Phasen, in denen ich mich frage, warum ich eigentlich so viel arbeite, Termine ohne Ende habe? Warum kann ich zwischendurch nicht mal loslassen? Ich muss absolut diszipliniert sein. Wenn ich mir aber vorstelle, ich würde einfach so vor mich hinleben, das wäre eine Strafe für mich. Wenn ich abends Partys besuchen müsste, mich tagsüber ausruhen, um abends wieder loszuziehen, dafür bin ich nicht geschaffen. Ich habe immer schon diese Hinwendung nach innen gehabt. Mein Leben ist dadurch lebendig. Gewinn im Leben ist für mich das Privileg, nur mit Dingen befasst sein zu können, die mich faszinieren. Das ist ein solcher Reichtum, dass ich manchmal ganz ergriffen bin. Mir war immer extrem wichtig, zu bedenken, dass alles eine Sofort- und eine Spätwirkung hat. Denn dieses Leben ist für mich nur eins von vielen. Ich glaube fest an Wiedergeburt.

Mein Leitspruch heißt: Glaube an die Magie deiner Träume. Wenn ich an meine Träume, an meine Visionen glaube, verwirklichen sie sich. Ich habe von Kindheit an eine Art Hellsichtigkeit. Manchmal sehe ich ganze Sequenzen zukünftigen Erlebens. Außerdem bekomme ich sozusagen über Träume exakte Zustandsberichte meiner Seele. Das ist eine große Hilfe auf meinem Weg. Das heißt nicht, dass sich alle meine Wünsche erfüllt haben. Manchmal denke ich, Gott sei Dank, dass sich dieser oder jener Wunsch nicht erfüllt hat. Es war besser so, ich konnte es damals nur nicht so sehen.

In der Partnerschaft ist es mir wichtig, dass der Partner mir meine Entwicklung lässt. Ich habe einen Mann, der mir unglaublich viel Raum zugesteht. Er steht hinter mir und unterstützt mich, total und bei allem. Er würde nie sagen, was, du fängst schon wieder eine neue Ausbildung an? Mein Mann hat auch eine feinstoffliche Ebene. Aber er hat einen ganz anderen beruflichen Schwerpunkt als ich. Er ist nicht in meinem Fahrwasser. Er hat seine eigenen Interessen. Es gibt ja Menschen, die machen alles gemeinsam, die sehen die gleichen Filme, lesen die gleichen Bücher. Das ist bei uns total anders. Mein Mann interessiert sich für Sport und Autorennen. Und wenn ich dann Thomas Mann oder Little Buddha sehen will, interessiert ihn das ganz und gar nicht. Da haben wir überhaupt nicht die gleichen Ambitionen. Das muss in einer Partnerschaft auch nicht sein.

Meine Praxis möchte ich gerne weiter führen. In meinem Beruf kann man ja eigentlich nur besser werden. Man wächst mit der Erfahrung. Ich würde es schön finden, wenn es so weitergehen könnte, wie es ist.

Ich kenne Frauen, die bereits mit 30 oder 40 große Angst vor dem Alter haben. Manche Patienten fragen mich ganz erstaunt, was, Sie sind schon 60 Jahre?

Mir ist wichtig, bei meinem Weg zu bleiben. Der ist nie perfekt. Doch ich habe manchmal das Gefühl, dass mein Leben mir schon sehr nahe kommt. Lebenssinn bedeutet für mich, am Ende des Lebens sagen zu können, dass ich etwas bewegt habe. Das ist die Essenz. Ich will mich nicht nur um mich selbst drehen, sondern mich ganz stark entwickeln. Das ist letztendlich Leben. Man entwickelt sich und bekommt wie bei einem tibetischen Rollbild immer mehr eine Vorstellung davon, wie man letztlich aussehen könnte. Max Frisch hat es genau getroffen: Die Zeit verwandelt uns nicht, sie entfaltet uns nur.

Auf die Idee, mich »schönheitsoperieren« zu lassen, käme ich übrigens nicht, auch wenn die Idee ewiger Jugend natürlich verlockend ist. Nicht einmal eine Botoxspritze würde ich mir geben lassen. Klar habe ich auch Fältchen. Aber lieber Fältchen haben als fremd oder maskenhaft aussehen. Wenn man einen Raum betritt, ist zuerst die Ausstrahlung, die Aura zu sehen. Alles andere ist zweitrangig.

## Intuition entwickeln

*Das Höchste, wozu der Mensch gelangen kann,*
*ist das Erstaunen.*

JOHANN WOLFGANG GOETHE

Foto: © ele

Christa Höhs, geboren 1941 in Hamburg: »Die innere Stimme sagt mir, wo es langgeht«

*Auf Christa Höhs bin ich durch einen Artikel im »Focus« aufmerksam geworden. Dort wurde sie unter der Überschrift »50 plus … da fängt das Leben erst an« vorgestellt, in München hatte sie eine Senior-Models-Agentur ins Leben gerufen. Christa Höhs, selbst eine über 60-jährige Schönheit, vermittelt attraktive Models für Werbeaufnahmen. Alle sind zwischen 45 und 65 Jahre alt. »Dass ich mich bei der Gründung vor zehn Jahren auf die Vermittlung älterer Models konzentriert habe, war eine Entscheidung aus dem Bauch heraus«, erzählt sie und betont, dass sie sich auf ihre Intuition stets verlassen könne.*

*Anfangs meldeten sich bei ihr nur Firmen aus dem Gesundheitssektor, oder, wie sie schmunzelnd meint, »aus dem Zipperlein-Sektor«. Doch die Nachfrage nach älteren Models ist längst gestiegen. Banken, Versicherungen, Softwarehersteller und Autohäuser, alle, die auch an Menschen über 50 verkaufen wollen, wenden sich an sie. Die Wirtschaft hat inzwischen entdeckt, dass es einen lukrativen Markt jenseits der Lebensmitte gibt. Die Suche nach den passenden Gesichtern für die Produktwerbung findet seit 2003 auch in Berlin statt, wo eine Partneragentur gegründet wurde.*

*Bei unserem telefonischen Interview werden wir immer wieder unterbrochen, weil die Nachfrage so groß ist. Nach der dritten Unterbrechung sagt Christa Höhs herzhaft: »Sch…, schon wieder!« So ist sie. Rundheraus und spontan. Sie nimmt kein Blatt vor den Mund. Nachdem ich ihr den Text zum Gegenlesen zugeschickt habe, mailt sie: »Das Älterwerden ist doch hochinteressant. Ich verfolge neugierig den Verfall. Das ist schon sehr spannend. So, und jetzt halte ich die Klappe.« Sie hat die Erfahrung gemacht:*

Wenn man seiner inneren Stimme folgt, auch wenn der Verstand sagt, das ist der totale Wahnsinn, funktioniert die Entscheidung immer. Das ist meine Lebenserfahrung. Heute bin ich so weit, dass ich nur noch darauf achte, was mein Bauch mir sagt. Dieses Gefühl, das im Bruchteil einer Sekunde auftaucht, ist ausschlaggebend. Gepaart mit Intelligenz, wenn man sie denn hat, kann man sich ziemlich auf sich verlassen. Die Idee, eine Senior-Models-Agentur, die ältere Models vermittelt, zu eröffnen, ist auch so entstanden. Ich habe intuitiv gespürt, welche Chance in der Idee steckt.

Zum Modeln kam ich durch Zufall, da war ich bereits 49 Jahre alt. Mit einer Bekannten, die dort die Schauspielschule besuchen wollte, bin ich nach New York gegangen, weil ich die Stadt noch nicht kannte. Eigentlich wollte ich nur zwei Wochen bleiben. Doch ich bin von einem weiblichen Scout auf der Lexington Avenue angesprochen worden, ob ich nicht als Model arbeiten wollte. Das fand ich spannend und sagte okay. Im Alter von fast 50 Jahren bin ich also in New York geblieben, um dort zu modeln.

Als ich aus New York zurückkam, war ich viel zu alt, um noch einmal fest angestellt werden zu können. Ich war auf dem Arbeitsmarkt absolut abgeschrieben. Da kam jemand aus dem Bekanntenkreis, der sagte, dein Lebenslauf ist so interessant. Hättest du Interesse, einen Mann kennen zu lernen, der ein Magazin für Senioren herausgibt? Er wird garantiert ein Interview mit dir machen wollen. Ich sagte, okay, wenn er mich anruft, mache ich das. Er rief an, ich ging hin. Zwanzig Minuten habe ich ihm von New York und wie ich dort angesprochen wurde, erzählt, da sagte er plötzlich: »Wollen wir beide nicht eine Agentur für ältere Models aufmachen?« Ich habe begeistert in die Hände geklatscht und gesagt: »Das machen wir.« Das war der Mann, der den Ikea-Elch erfunden hat, ein guter Werber. Er hat sich inzwischen zur Ruhe gesetzt.

Meine Agentur für Senior Models habe ich im brutalsten Klima des Jugendwahns aufgemacht. Als ich mit älteren Models anfing, kam auf mich erst der »Zipperlein-Markt« zu. Rheumapflaster, Gesundheitstees, Wechseljahrespillen, Vitamin- und Mineraltabletten und Klosterfrau Melissengeist. Dann kam der Zeitpunkt, wo es kippte. Schon nach einem Vierteljahr bekam ich den ersten Auftrag von einer Versicherung. Es ging weg vom »Zipperlein-Markt«, hin zu anderen Produkten. Diese Tendenz verstärkte sich immer mehr.

So haben sich mir im Leben immer Türen geöffnet. Es hat sich gezeigt, dass ich die Agentur genau zum richtigen Zeitpunkt etabliert habe. Wieder eine der glücklichen Fügungen. Etwas, das zum richtigen Zeitpunkt auf mich zugekommen ist. Ich musste nur auf meine Intuition hören und durch die Tür hindurchgehen.

Und so lief es immer. Daher ist Lebensplanung für mich ein Fremdwort. 1970 fing ich zunächst in der Werbung an, durchlief dort so ziemlich jede Station. Dann baute ich mit einem Fotografen ein Fotostudio auf, später bin ich in eine Kosmetikfirma gegangen. Dort habe ich ein Parfüm lanciert und alles selbst gemacht, die Entwürfe, die Texte, die Fotos, das Marketing. Dann war ich bei der »Vogue« in der Promotion-Abteilung und schließlich machte ich mich mit Personalberatung für kleine Modefirmen selbständig.

Lebensthemen wurden mir mehrere aufgepackt. Das hängt mit meiner Familie zusammen. Ich musste sehr kämpfen, um überhaupt psychisch zu überleben. Meine Mutter war Schauspielerin, eine ausgesprochen schöne Frau. Sie sah aus wie Greta Garbo. Neben dieser Schönheit von Mutter fühlte ich mich hässlich. Ich war ein schüchternes, dünnes, langes Mädchen. Meine Mutter hat mir in keiner Weise auch nur annähernd das Gefühl gegeben, dass ich vielleicht wenigstens ganz nett aussehe.

Mein Vater war ein hohes Tier bei Hapag Lloyd. Beide Eltern waren sehr starke Persönlichkeiten. Ich musste kämpfen, um gegen die Elternmacht anzukommen. Gott sei Dank hatte ich wenigstens einen Bruder, der mir Schutzwall war. Als Kind habe ich kein Selbstwertgefühl entwickeln können und musste später hart daran arbeiten.

Meine ersten 30 Lebensjahre gingen daher damit drauf, etwas Boden gegenüber meiner überaus dominanten Mutter zu gewinnen. Mein Selbstwertgefühl zu stärken, war mein ständiges Lebensthema. Das habe ich nicht alleine bewältigt, weil ich noch dazu ein ausgesprochenes Sensibelchen bin und das Gras wachsen höre. Dieses Naturell kam erschwerend hinzu. Ich habe meinen seelischen

Aufbau nur mit therapeutischer Hilfe geschafft. Die Therapie hat mein Leben sehr bereichert, eigentlich gerettet.

Das zweite Lebensthema, das mir auferlegt wurde, war, dass ich hellsehen kann. Ich kann Dinge erspüren und vorhersehen. Meine Intuition hatte ich immer sehr stark zur Verfügung. Dass ich diese Fähigkeit habe, wusste ich. Es hat mich aber niemand für voll genommen. Deswegen habe ich mich zunächst nicht intensiv damit befasst. Es kommt ja auch darauf an, wie weit der Bauch bereit ist, das zuzulassen. Das Hellsehen kommt aus dem Bauch, und es kann nur aus mir heraus, wenn der Bauch frei ist. Auch der Kopf muss dazu frei sein. Meine ganzen Ängste und Unsicherheiten mussten erst einmal bearbeitet werden, ehe diese Fähigkeit Raum bekommen konnte. Als ich mich freier fühlte, konnte ich meiner Intuition bewusst weiteren Raum geben.

Heute habe ich ein gutes Selbstwertgefühl und kann das auch weitergeben. In meine Agentur kommt ein Model nach dem anderen und bewirbt sich. Schon anhand von Bildern, die mir die Frauen schicken, kann ich sehen, was mit ihnen los ist. Ob sie psychisch gesund sind, seelische Störungen haben, oder ob sie in einer Krise stecken. Das Schöne für mich ist: meine Models öffnen sich mir gegenüber sofort. Es hat etwas gebracht, dass ich meine Hausaufgabe, Menschen zu helfen, durch eine Therapie erreicht habe. Die harte Arbeit an mir selbst hat sich gelohnt. Wenn Menschen auf mich zukommen, Vertrauen haben und sofort erzählen, wie ihnen ums Herz ist, welche Probleme sie haben, dann lebe ich mitten in meiner Aufgabe.

Was ich auch lernen musste im Leben, war, bloß nicht den Humor zu verlieren. Ich habe einen grundtiefen Humor, und der hat mich oft gerettet. Gut ist dabei, sich nicht so sehr für voll zu nehmen.

Andererseits habe ich auch gelernt, dass ich Ansprüche stellen darf. Ich muss mich nicht mehr zurücknehmen. Nein sagen zu können und Ansprüche zu stellen, ohne sich gleich als Egoistin verschreien zu lassen, ist anfangs gar nicht leicht. Ich habe gelernt, meine Ansprüche moderat zu stellen. Das Ganze ging einher mit der Entwicklung meines Selbstwertgefühls.

Während der Wechseljahre kamen bei mir die ersten Zipperlein, der Körper machte nicht mehr reibungslos mit, die körperlichen Handicaps beginnen. Das kann ich nicht beschönigen, das ist so. Ich habe Arthrose, und es ist in der Tat eine neue Herausforderung, zu lernen, damit umzugehen. Im Moment sage ich: »Augen zu und durch. Bloß nicht hängen lassen.« Noch reagiere ich darauf gelassen.

Auf der psychischen Seite habe ich die Wechseljahre kaum erlebt. Mit dem Altern habe ich keine Probleme. Ich verfolge den »Verfall« mit Neugier. Das ist schon sehr spannend, sich darauf einzulassen. Das Älterwerden finde ich hochinteressant, und ich finde, es ist ein Glück, älter zu werden. Die biologische Uhr tickt langsamer. Wenn ich etwas schnell machen möchte, geht das nicht mehr. Die Reaktion ist nicht mehr die, die sie einmal war. Vieles mache ich also notgedrungen langsamer, das Tempo wird gedrosselt. Ich bin auch weniger belastbar.

Meiner Mutter habe ich zu verdanken, dass ich mich über mein Äußeres nie definiert habe, ich hätte ja nur den Kürzeren gezogen. Und so hatte ich beim Älterwerden auch nicht das Gefühl des Verlustes äußerer Makellosigkeit, nie das Gefühl des Verlustes äußerer Schönheit.

Ich habe einer Freundin von meinem Dilemma mit der Schönheit meiner Mutter erzählt. Dass ich mich neben dieser strahlenden Frau wie ein hässliches Entlein fühlte, und ihr dann ein Bild meiner Mutter gezeigt. Meine Freundin hat nur laut gelacht und gesagt: »Mensch Christa, du hast so viel Persönlichkeit und siehst so gut aus.« Da konnte ich mich endlich akzeptieren.

In meiner Branche erlebe ich wahre Dramen, wenn Frauen, die sich stark über ihr Äußeres definiert haben, älter werden. Es ist oft so erbärmlich und so schade um die Frauen, die sich nur an ihre äußere Hülle klammern. Sie tun mir unglaublich leid, weil sie nur ihr

Aussehen haben. Das ist sehr traurig. Viele dieser Frauen haben andere Kapazitäten, und sie schöpfen sie nicht aus. Frauen, die sich über ihre makellose Hülle oder über den Ehemann definieren und dann im Alter wohlmöglich beides verlieren, fallen in ein furchtbar tiefes Loch.

Mein Anliegen bei dieser Agenturidee war und ist, dass die Schönheit des Alters wieder wahrgenommen wird. Ich sehe nicht ein, dass eine Gesellschaft sich derart auf die Jugend reduziert. Dadurch reduziert sie sich selber. Es gibt noch eine andere Hälfte. Und dies nicht zu würdigen, bedeutet, unsere Kultur nicht zu würdigen. Zumal die Zahl der Älteren immer größer wird. Ich finde es unfassbar dumm, das Alter auszublenden. Wir können durch das Registrieren des gelebten Lebens in älteren Gesichtern doch nur gewinnen. Daraus können uns Vorbilder erwachsen. Und die hat unsere Gesellschaft mehr als nötig.

Mit 49 Jahren bekam ich Tränensäcke. Die habe ich wegmachen lassen. Mehr mache ich nicht. Weil ich mir sage, ich möchte Vorreiterin sein. Ich weiß nicht, was mit 70 ist, aber ich habe Angst davor, an mir herumschneiden zu lassen. Das ist ja eine schwere Operation. Ich färbe auch meine Haare nicht, die sind langsam richtig grau.

Mir kommt dieser Jugendwahn nicht auf den Tisch. Der hat bei mir nichts zu suchen. Operierte Models mit aufgespritzten Lippen nehme ich nicht in die Agentur auf. Ich hasse diese unterspritzten Lippen. Grauenhaft. Es ist auch verrückt, wenn Models mit 30 ihre ersten Falten wegspritzen lassen. Das ist absurd. Ich rate Frauen, die mit 40 schon anfangen, an sich herumoperieren zu lassen, lieber in eine Therapie zu gehen, um zu lernen, zu sich zu stehen.

Dies meinen manchmal völlig verzagten, verhältnismäßig jungen Models klar zu machen, die sich an den Ansprüchen der Medien orientieren, ist hoffentlich ein kleiner Tritt fürs gesellschaftspolitische Umdenken. Es muss ja einmal einer damit anfangen.

Mein jetziger Lebensabschnitt ist der beste. Die Ängste sind weg. Ich fühle mich viel sicherer als in jungen Jahren. In meinem

Alter hat man einen riesigen Erfahrungsschatz, aus dem ich schöpfen kann. Mir kann keiner mehr etwas anhaben.

Manchmal denke ich auch, eigentlich war jeder Abschnitt der beste. Ich stecke ja immer noch mitten in Lernprozessen. Das hört nie auf. Ich bin heute nicht mehr fremdbestimmt, so wie in jungen Jahren. In jungen Jahren sucht man Orientierung, man tastet. Man nimmt auf. Man saugt Vorbilder auf, um selber wachsen zu können. Jetzt in diesem Alter kann ich selber Vorbild sein.

Früher, mit 30 und 40 Jahren, waren Klamotten von Bedeutung, der gesellschaftliche Status, materielle Dinge. Das ist bedeutungslos geworden. Auch große Namen haben mich früher in die Knie gezwungen. Heute sehe ich sie auf gleicher Augenhöhe.

Einmal in meinem Leben stand ich kurz davor zu heiraten. Ich bin krank geworden. Da wusste ich, das lässt du lieber. Ich habe dann Abstand von der Hochzeit genommen. Kaum hatte ich das getan, wurde ich wieder gesund und fühlte mich sauwohl. Ich lebe in keiner Partnerschaft, habe kein Kind und auch keine Familie.

Mein Lebenszitat ist: »Der Weg ist das Ziel.« Als ich diesen Satz das erste Mal gehört habe, habe ich ihn nicht verstanden. Heute habe ich ihn begriffen. Ich habe kein Ziel mehr, hinter dem ich herrenne. Die Gegenwart zählt. Statt in die Zukunft zu schauen und zu sagen, später wird alles besser, nehme ich die Gegenwart wahr, so wie sie ist, und das sehr bewusst.

Mein Anliegen ist: Rettet die Kultur. Es ist oft dumm, was man vorgesetzt bekommt. Das finde ich richtig beängstigend. Es begann grausam zu werden, als das Wort »geil« in Mode kam. Seitdem das gebräuchlich ist, bin ich kurz vor dem Verzweifeln. Hat die deutsche Sprache nicht mehr zu bieten? Goethe war einmal unser sprachliches Vorbild. Jetzt ist es offensichtlich Dieter Bohlen.

Mein Streben ist, wie C.G. Jung gesagt hat, »pur und gänzlich ich selbst zu werden«. Daran arbeite ich. Mir nichts vorlügen, sondern offen, frei und ohne Ängste leben. Authentisch werden und mir selbst treu sein.

## Erotik pflegen

Interview mit der Frauenärztin Dr. Ingrid Häntsch-Püschel über Sex und Erotik in reiferen Jahren: »Die Lust vergeht nicht.«

**Die Lust nach den Wechseljahren – verändert sie sich?**

Es ist ein Märchen, dass man im Alter nicht genauso Lustgefühle hat wie in jüngeren Jahren. Jede Frau ist bis ins hohe Alter genuss- und orgasmusfähig, wenn sie den richtigen Partner hat. Sex ist auch nicht von Hormonen abhängig, wie das früher oft dargestellt wurde. Selbst wenn die Eierstöcke nicht mehr vorhanden sind oder sie ihre Funktion eingestellt haben (wie das in den Wechseljahren der Fall ist), ist man orgasmusfähig. Der Orgasmus ist etwas, das viel mit dem Kopf und mit Fantasie zu tun hat. Eine Frau erlebt eher einen Orgasmus, wenn sie richtig »scharf« ist. Wenn sie denkt, mit diesem Mann will ich jetzt unbedingt ins Bett. Das spielt eine ganz große Rolle und ist auch unabhängig vom Alter.

**Aber auch die sexuellen Praktiken spielen eine große Rolle.**

Natürlich hängt der Orgasmus auch mit einer gewissen sexuellen Stimulation zusammen. Da unterscheiden sich Männer und Frauen sehr. Beim Mann ist die Stimulation des Penis entscheidend, während es bei der Frau die Stimulation der Klitoris ist. Das Dilemma: Die Anatomie von Mann und Frau ist nicht so aufeinander abgestimmt, dass die Frau bei der Penetration eine entscheidende Stimulation erfährt. Beim eigentlichen Geschlechtsverkehr wird zwar der Penis des Mannes stimuliert, aber kaum die Klitoris der Frau. Deshalb ist es unerheblich, wie groß, wie dick, wie steif der Penis ist, die Stimulation der Klitoris findet beim normalen Geschlechtsverkehr nur minimal statt. Aber sie ist letztendlich das Entscheidende für das Erlebnis der Frau. Für die Reproduktion ist der Orgasmus der Frau nicht wichtig. Der des Mannes schon, da er verbunden ist mit der Ejakulation. Es gibt Frauen, die haben mehrere Kinder bekommen und hatten noch nie einen Orgasmus. Dieses Problem betrifft aber Paare jeder Altersklasse.

**Die Frau braucht also den Penis für ihre Lust genau genommen gar nicht.**

Nein, sie müsste, um zum Orgasmus zu kommen, beispielsweise manuell oder oral stimuliert werden. Und da sie sich oft nicht traut, diesen Wunsch zu äußern, lässt sie sich sozusagen benutzen, um dem Partner einen Gefallen zu tun, und erfährt selbst keine Befriedigung. Darum ist der reine Geschlechtsakt für die meisten Frauen nicht so erstrebenswert. Weil sie gar nicht auf ihre Kosten kommen. Es gibt mehr Frauen, als man denkt, die nie zum Orgasmus kommen.

**Wie enttäuschend für Männer.**

Das ist wohl so. Viele denken, es ist das Größte, wenn der Mann den Penis in der Scheide hat. Für den Mann vielleicht. Aber noch lange nicht für die Frau. Da muss noch viel informiert werden. Für Männer ist es schwer zu begreifen, dass der Orgasmus der Frau nicht unbedingt etwas mit ihrer Potenz und Männlichkeit zu tun hat. Dass es hier mehr um Einfühlungsvermögen und auch um gewisse Praktiken außerhalb der Penetration geht. Dass es darum geht, auf den Partner einzugehen.

**Es gibt ja Frauen, denen vergeht die Lust irgendwann.**

Es gibt Frauen, die ab Mitte 40 keinen Sex mehr haben, und das ist ein schwieriges Thema, weil es bisher wissenschaftlich kaum untersucht wurde. Es ist wenig darüber geforscht und geschrieben worden. Die Beschäftigung mit Sexualität wird von vielen Wissenschaftlern als interessant, aber unseriös beurteilt. Für viele ältere Frauen ist es auch ein Tabuthema. Die zweite Variante: Häufig läuft Sex in »versandeten« Paarbeziehungen, wo die Routine eingekehrt ist, so ab, dass die Frau sich benutzen lässt, damit der Mann zufrieden ist. Sie selbst aber resigniert und glaubt, ich schaffe es einfach nicht. Sie entscheidet, ich nehme es so hin, ohne wirklich befriedigt zu sein. Frauen müssen in dieser Situation aber unbedingt erfahren, dass sie keine Versager sind und dass es sehr vielen Frauen ebenso geht.

**Ich kenne Frauen, die haben ihren ersten Orgasmus durch Selbstbefriedigung.**

Frauen kommen durch Masturbation ebenso unproblematisch zum Orgasmus wie Männer. Ich glaube, dass bei Frauen die Selbstbefriedigung eine große Rolle spielt. Wenn sie durch Selbstbefriedigung einen Orgasmus bekommen, können sie dem Partner zeigen, an welcher Stelle die Stimulation für sie besonders schön und reizvoll ist, weil sie ihren Körper kennen. Es ist doch schön und wünschenswert, wenn der Partner informiert wird, wo Berührungen für die Frau besonders stimulierend sind. Sexualität hat so viele Facetten – es muss ja nicht immer der vollendete Koitus sein. Man kann doch auch anders befriedigend zusammen sein. Ich weise meine Patientinnen darauf hin, dass es diese anderen Wege gibt, einen Orgasmus zu erfahren. Wenn offen darüber gesprochen wird, kann das auch wieder ein positives gemeinsames Erlebnis für die Partnerschaft werden.

**Viele Paare schweigen das aber tot.**

Es ist ein ganz großes Problem, dass die meisten Paare darüber nicht reden. Diese Sprachlosigkeit richtet viel Entfremdung an. Wenn Paare unter sich offener sprechen würden, könnte man viele Ungereimtheiten und Unklarheiten bezüglich der Bedürfnisse, die jeder hat, aus der Welt räumen. Doch das hat viel mit Eitelkeiten, Angst vor Verletzung und Nichtfunktionieren zu tun und ist übrigens auch unabhängig vom Alter der Partner. Eher ist es abhängig vom Alter der Partnerschaft.

**Ab einem bestimmten Alter bekommen Männer häufiger Erektionsprobleme.**

Ja, die sexuellen Reaktionen des Mannes scheinen stärker durch das Alter beeinträchtigt zu sein. Die Aufgabe sexueller Aktivitäten in einer Partnerschaft geschieht in den meisten Fällen auf Wunsch des Mannes. Der Verlust oder die Einschränkung der sexuellen Fähigkeiten ist frustrierend bis peinlich. Und Männer haben natürlich auch immer die berühmte Angst vorm Versagen. Da brechen sie Sexualität lieber ganz ab. Sie entziehen sich auch Kuscheln, Streicheln und Petting. Sie sind einfach zu fixiert auf ihren Penis. Frauen dagegen sind dankbar, dass es so nicht mehr klappt und anderen Wege gefunden werden müssen.

**Es gibt immer noch die Meinung, es sei das Höchste, gemeinsam zum Orgasmus zu kommen.**

Was es in der Realität so gut wie gar nicht gibt. Dass beide Partner zur gleichen Zeit einen Orgasmus erleben, ist eine Mär. Frauen, die das glauben, müssen ja denken, alle können es, nur ich nicht. Das stärkt nicht unbedingt ihr Selbstvertrauen. Wenn beide Partner in Harmonie miteinander umgehen und dann einer nach dem anderen zu seiner Befriedigung kommt, ist das schon sehr viel.

**Sollten Paare ihr Sexleben nach den Wechseljahren hinterfragen?**

Das wäre sicher sinnvoll. Denn spätestens dann spielt die Kohabitation, also der reine Geschlechtsverkehr mit Penetration, für die Frau nicht mehr die große Rolle. Das ist auch oft psychisch bedingt, die Familienplanung ist abgeschlossen, die Kinder sind vielleicht schon aus dem Haus. Damit erlischt auch manchmal die Lust nach Kohabitation. Die Penetration macht vielen Frauen, wenn sie älter sind, Beschwerden. Die Scheide wird trocken und damit der Koitus schmerzhaft. Frauen mögen dann lieber mehr kuscheln, dabei Hautkontakt genießen. Sie mögen spätestens dann lieber den etwas sanfteren Sex. Und darüber sollten die Partner unbedingt reden.

# Krisen als Chancen

*Nur der Erkennende lebt.*

Christian Morgenstern

Ingrid van Bergen, geboren 1931 in Danzig : »Ich habe gelernt, mir selbst Gutes zu tun«

*Ingrid van Bergen lebt mit 75 Tieren in einer umgebauten Scheune auf dem Land in der Lüneburger Heide. Nachdem ich geklingelt habe, bin ich im Nu umgeben von zwölf kleinen und großen Hunden, die mich freundlich anstupsen oder ankläffen. Alle sind neugierig, wedeln mit ihren Schwänzen, und ich finde diese zutrauliche Hundeschar, die so gar keine Distanz halten will, zauberhaft. Überall klingen Vogelstimmen. Prachtvolle Exemplare, die durcheinander zwitschern und pfeifen, bevölkern mehrere Volieren. Ihre Pferde hat Ingrid van Bergen nicht direkt am Haus. Sie zeigt mir Fotos von edlen andalusischen Hengsten. Auf einem sitzt sie selbst und reitet Lektionen.*

*Die Schauspielerin (»Rosen für den Staatsanwalt«) ist im Theater und im Fernsehen regelmäßig zu sehen. 1977 erschoss sie ihren Geliebten Klaus Knaths und wurde wegen Totschlags angeklagt. Das Urteil: sieben Jahre Gefängnis. 1981 wurde sie nach fast fünf Jahren vorzeitig aus der Haft entlassen. Sie hat diese Zeit in ihrer Autobiografie »Ingrid van Bergen« verarbeitet.*

*Ingrid van Bergen ist im Gespräch offen, knapp und präzise. Sie hat einen bissigen Humor und nimmt kein Blatt vor den Mund. Sie erzählt:*

Nach aller Erfahrung glaube ich, dass Menschen, die nicht imstande sind, sich selbst anzunehmen, andere auch nicht akzeptieren können. Die schwierigste Aufgabe im Leben scheint zu sein, das Gleichgewicht zwischen Gut und Böse zu finden. Wir alle sind Anfechtungen und Versuchungen ausgesetzt, und da eine Mitte zu finden, überfordert viele trotz aller guten Vorsätze.

Der gravierendste Einschnitt in meinem Leben war, dass ich im Affekt meinen Lebensgefährten erschoss. Dem war viel vorausgegangen, und ich war zu dem Zeitpunkt tragischerweise aus meiner Mitte und meiner Balance geraten.

Mein Leben veränderte sich radikal. Und bis heute beeinflusst das so weit zurückliegende Geschehen alles, was mit mir und um mich geschieht. Aber selbst aus der Katastrophe führt ein neuer Weg, eine Hoffnung. Es gibt Yin und Yang. Und ich musste lernen, auch diese Dunkelheit zu akzeptieren.

Auf diese Weise konnte ich die fünf Jahre im Gefängnis als Auszeit betrachten, die ich verzweifelt brauchte. Ein Psychologe attestierte mir »Defizite«. Das verwirrte mich, brachte mich aber zum Nachdenken. Ich hatte nie Zeit für mich. Mein Leben bestand aus Verantwortung und Verpflichtungen für andere. Ehemänner, Kinder und natürlich auch die ständige Anbindung an den Beruf. Ich habe meine eigenen Wünsche den Ansprüchen anderer unterstellt. Das war ein schwerer Fehler, der zu gravierenden Schäden führte.

Im Gefängnis war ich abrupt auf mich gestellt, und nach anfänglicher Orientierungslosigkeit lernte ich das Alleinsein. Ich begegnete mir als eigenständiger, unverwechselbarer Person, ohne Ablenkungen von außen oder von anderen. Fünf Jahre in einer Einzelzelle haben in mir das Bedürfnis geweckt, allein sein zu können, wann immer ich es brauche.

Meine Kindheit war bis auf die ersten glücklichen Jahre in Masuren sehr schwer, und es ist erstaunlich, wie sich in all dem Elend, all dem Grauen, all dem Schmerz und Blut ein Kind seine Seele bewahrt. Die grauenvolle Flucht aus Ostpreußen, die Bombennächte in Danzig, die Bombardierung der Schiffe, der Untergang der »Gustloff«, auf der viele meiner Klassenkameradinnen starben, meine an den brutalen Vergewaltigungen gestorbenen Kindheitsfreundinnen in Masuren. Wir waren 13 Jahre alt. Ich habe tote und sterbende Menschen gesehen, schwer verletzte schreiende Pferde und Rinder, Mütter mit Wahnsinn in den Augen, die mit ihren erfrorenen Babys an der Brust ziellos umherirrten. Ich sah tapfere, dem Tod trotzende Frauen und ebensolche Männer, und ich sah auch andere, die diese Größe nicht hatten und nur die eigene Haut retteten. Meine Kinderaugen haben zu viel gesehen.

Und nach all der Gefahr, der Kälte, dem Hunger, der Angst und dem Entsetzen erreichten wir den westlichen Teil Deutschlands, wo man uns als »Flüchtlingspack« bezeichnete. An Bäume und Hauswände waren Schmähschriften genagelt, deren Tenor war, dass man uns am liebsten in den Osten zurückkatapultieren würde.

Als ich in Württemberg mein Abitur machte – übrigens mit sehr guten Noten – meinte man, dass wir gefälligst arbeiten gehen sollten. Aber meine bemerkenswerte tapfere Mutter wollte uns wenigstens eine gute Ausbildung und eine Chance ermöglichen. Sie war mit 32 Witwe geworden, als mein Vater an der Ostfront fiel. Da war ich zehn Jahre alt, und meine Mutter stand mit vier kleinen Kindern vor dem Nichts. Wie stark sie war, wie unbeugsam, wurde mir erst später klar. Nach der Flucht und dreieinhalb Jahren Internierung in Barackenlagern hinter Stacheldraht und bewaffneter Bewachung in Dänemark brachte sie unter Verleugnung eigener Wünsche und Bedürfnisse ihre Kinder auf den Weg.

Ihr habe ich meine Stärke zu verdanken. Sie war für mich ein Vorbild. Und sie lehrte mich allein durch ihr Beispiel, mutig und aufrecht durchs Leben zu gehen und für eine Überzeugung einzutreten, auch wenn es nicht opportun war.

Nach dem Abitur besuchte ich die Staatliche Hochschule für Musik Abteilung Schauspiel in Hamburg. Das Geld dafür verdiente ich mir als Tanzmädchen auf dem Kiez. 1953 habe ich mit fünf Kollegen in München ein politisches Kabarett gegründet, heiratete einen Kollegen, bekam mein erstes Kind, begann eine Filmkarriere, heiratete ein weiteres Mal, bekam mein zweites Kind.

Ich hatte nie eine Auszeit. Keiner meiner Männer hat je für mich gesorgt – ich musste den Lebensunterhalt für mich und meine Töchter immer allein verdienen. Der Begriff »Emanzipation« ist mir suspekt und fremd. Ich war immer emanzipiert. Ich musste mich von Kindheit an durchbeißen. Und manchmal ließen die Kräfte einfach nach. Ein befreundeter Arzt verglich mich einmal in einer solchen Phase mit einem ausgebrannten Ofen, der nicht mehr strahlt. Wenn man erschöpft ist, hat man keine Strahlkraft mehr. Man sollte besser mit sich umgehen. Heute versuche ich das.

Mit dem Alter habe ich keine Probleme. Ich habe in nahezu jeder Phase meines Lebens gerne gelebt. Manchmal – aber nur manchmal – verletzt es mich, wenn Männer mich als Neutrum betrachten, indem sie mir ihre Probleme mit Liebe und Sexualität anvertrauen. Das hängt eindeutig mit meinem Alter zusammen. Und so denke ich darüber nach: Was wollten die Männer von mir? Ich war sehr attraktiv – war es das? Wollten sie Sex und nicht den Menschen mit allem Drum und Dran?

Wenn man die Probe aufs Exempel macht, kleben die Augen der meisten Männer wie Haftminen auf den Körpern junger Frauen – und die ebenso attraktive, aber gereifte Frau daneben nehmen sie nicht einmal wahr. Ganz unabhängig davon, dass sie selbst vielleicht nicht eben eine Augenweide sind. Man muss davon ausgehen, dass ein hoher Prozentsatz von Männern bei der Jagd nur nach dem biologischen Alter geht.

Wie gehen Männer mit einer Frau um, deren Haut nicht mehr ganz straff ist? Ich weiß, dass es andere Männer gibt, aber ich muss gestehen, dass mir in all den Jahrzehnten nicht ein einziger begegnet ist. Zugegeben, ich war nicht gerade auf der Suche, aber es scheint, als ob diese besondere Spezies sehr dünn gesät ist. Schade.

Als ich älter wurde, habe ich mich über Rollenangebote gefreut, die mir erlaubten, als ältere Frau von einem jungen Mann begehrt zu werden. Im realen Leben ist das immer noch ein unbegreifliches Tabu. Wieso eigentlich? Andersherum wird es doch auch seit ewigen Zeiten praktiziert.

Leider sind es ausgerechnet Frauen, die über die Liebe jüngerer Männer zu älteren Frauen die Nase rümpfen. Wie dumm! Na ja, vielleicht sollte man unterstellen, dass sie nicht den Mut aufbringen und dann neiderfüllt in diese Position ausweichen. Aber es gibt unzählige Beispiele, wo Frauen sich nicht um die Meinung anderer kümmern und tun, was sie für richtig halten. Lauren Bacall, Karin Baal, Marika Kilius, Hannelore Hoger – um nur einige zu nennen.

Aber das ist nicht wirklich meine Problematik. Für mich besteht eine Schwierigkeit in der Partnerschaft zwischen Mann und Frau: Ich bin überzeugt – um mich der modernen Terminologie zu bedienen – dass sie nicht kompatibel sind. Meist sind die Partnerschaften nicht von längerer Dauer als die Chemie. Das macht uns zu Austauschobjekten. Die ständige Angst davor, gegen eine jüngere ausgetauscht zu werden, macht Frauen zu Sklavinnen der Modetrends und des Schönheitsdiktats. Sie lassen sich ganze Bahnen aus der Haut schneiden, implantieren Silikon, blasen die Lippen auf wie Feuerwehrschläuche, hungern, verplempern ihre Zeit in Friseursalons und verschwenden Gelder für Kosmetik, von denen sich ganze äthiopische Dörfer lange ernähren könnten. Wofür?

Um sich von einem Mann kapern zu lassen, der nicht ein langweiliges Singledasein führen will. Er bekommt alles auf einen Schlag: eine Köchin, eine Putzfrau, eine geduldige Zuhörerin bei seinen endlosen Lamentos über die Firma, die Kollegen, den Boss, eine Gärtnerin und nicht zuletzt eine bereitwillige Partnerin in der Nacht.

Was das betrifft, fielen alle meine Männer, drei mit und drei ohne Trauschein, durch das gleiche Raster. Sie bohren nach Geheimnissen, und haben sie sie erst mal entschlüsselt, schwindet ihr Interesse. Sie können Überlegenheit – egal auf welchem Gebiet – nicht ertragen.

Ich habe im Skiurlaub mit Engländern selbstverständlich Englisch gesprochen. Dafür erntete ich einen schmerzhaften Tritt ans Schienbein. Ich beherrschte Segelboote – das habe ich gelernt – und habe mit einem Hafenmeister gefachsimpelt. Das brachte mir eine Szene ein. Viele Männer fühlen sich Frauen überlegen, und sie haben extreme Schwierigkeiten, wenn Frauen ein besseres Bildungsniveau haben, begabter im künstlerischen Bereich und versierter am Computer sind.

Ich hatte keinerlei Schwierigkeiten damit, wenn Männer mir auf ihren Gebieten überlegen waren. Ich war auf andere Weise kompetent. Aber das dumme und entwürdigende Spiel, das viele Frauen spielen, um Männern zu gefallen, habe ich für mich nie akzeptiert. Ich wollte gleichwertige Partner.

Und der gravierendste Fehler war, sich ihnen vertrauensvoll zu öffnen. Man muss für sie immer ein Rätsel bleiben. Ein unergründliches Geheimnis. Sie sind die Jäger. Und wenn sie ihre Beute erlegt haben, halten sie Ausschau nach einer neuen. Das ist Männerart.

Ich habe seit langer Zeit keinen Partner mehr, mit dem ich Sexualität erlebe und genieße. Ich bedaure das. Aber ich habe gelernt, damit zu leben. Und wie alles hat auch das seine Vorzüge. Alles Potenzial konzentriert sich im Kopf. Ohne Ablenkung, ohne Unsicherheit, Eifersucht, Traurigkeit und Schmerz. Sándor Márai hat gesagt: »Die Liebe ist eine Schreckensherrschaft, die tödliche Verletzungen zufügt.« Nach allem, was ich erlebt habe, glaube ich ihm. Denn die Liebe zwischen Partnern erweist sich häufig als extrem egoistische Variante von Liebe.

Mit dem Verzicht darauf habe ich eine kostbare Freiheit gewonnen, die ich nicht wieder eintauschen möchte. Ich kann meine Neigungen leben, ohne fragen zu müssen. Ich lebe mit vielen Tieren, das bringt der Tierschutz so mit sich. Das ist laut, anstrengend, arbeitsaufwendig und teuer. Aber niemand kritisiert das. Was die Kosten betrifft: Ich muss arbeiten, bis ich tot umfalle. Besser gesagt, ich liebe es zu arbeiten, denn mein Beruf ist nicht nur das, sondern Berufung.

Es erweist sich als schwierig in einer Zeit, die dem Jugendwahn huldigt. Manche verzagen angesichts des Diktats der Jugend in unserer Gesellschaft. Vor kurzem sah ich einen der vielen Arztfilme mit einem Chefchirurgen, der so blutjung war, dass ich mir ernsthaft überlegen würde, mir von ihm auch nur einen Zahn ziehen zu lassen. Aber ich bin nach 53 Jahren immer noch im Rennen. Und mein Privatleben habe ich mir nach meinem Gusto eingerichtet. Mit meinen vielen Tieren: Pferde, Esel, Hunde, Katzen, Chinchillas und viele, viele Vögel. Ich züchte nicht, ich handle nicht, ich verkaufe nicht. Ich habe nur einen Menschen, der mir bei der Arbeit hilft. Und die Nächte stillen meinen geistigen Hunger. Ich lese. Leidenschaftlich. Engagiert. Neugierig und gierig. Hunderte von Büchern. Sie sind meine Freunde. Das hat mich mein wunderbarer Vater gelehrt.

Ich denke immer öfter über die Endlichkeit nach. In meinem Alter ist das normal. Um mich herum sterben die Freunde und Kollegen, Menschen, die auf allen Wegen mit mir gegangen sind. Ich schreibe, aber nicht, um nicht vergessen zu werden. Es ist ein tiefes Bedürfnis. Ich schreibe über alles Erlebte, alle Tragik, alle Brutalität des Krieges, alle Trauer und allen Schmerz. Über den Verlust der Kindheit, der Unschuld. Und Unschuld ist, was mich zu Tieren hinzieht. Ich habe eine große Bibliothek, davon ist das meiste Fachliteratur – über Tiere. Ich informiere mich über jede Art, ihre Psyche, ihre Physis, ihre Nahrung, ihre Bedürfnisse, ihre Gewohnheiten. Mittlerweile lese ich jede Nacht ein Buch, denn nur die Nacht schenkt mir die Zeit dafür. Meine Pläne haben sich ständig geändert, deshalb vermeide ich weitestgehend, welche zu machen. Aber es steht nicht in meiner Macht, dass ich so alt werde wie meine Kakadus. Das heißt, dass ich Vorsorge treffen muss.

Wenn ich zurückblicke, macht mich traurig, dass von allen Verbindungen nichts übrig geblieben ist, nicht mal Freundschaft. Also konzentriere ich mich auf die Tiere.

Ich werde immer dafür sorgen, dass es ihnen gut geht. Sie besitzen etwas, worum ich sie beneide: ihre Unschuld. Selbst wenn eine Löwin ihre Jungen lehrt, grausam zu jagen, es ist nichts als ihr Instinkt. Wir Menschen haben unseren Verstand und sind dennoch oft unerträglich grausam. Ich schaue meine Tiere an und betrachte es als Geschenk, mit ihnen zu leben. Sie vertrauen mir. Und ich vertraue ihnen. Sie jedenfalls haben mein Vertrauen noch niemals enttäuscht.

## Neugierig sein

*Der Weise ist auf alle Ereignisse vorbereitet.*

MOLIÈRE

Foto: © Michael Teufert

Johanna von Koczian, geboren 1933 in Berlin und 2006 gestorben: »Unser Leben ist ein Wimpernschlag«

*Johanna von Koczian ist mir schon aus meiner Kindheit vertraut. Meine Eltern saßen immer vor dem Fernseher, wenn sie in einem Film mitspielte. In den 50er Jahren wurde sie von Gustav Gründgens entdeckt. Sie gehört zu den Schauspielerinnen, die es in den Brockhaus und in Meyers Enzyklopädie geschafft haben. Bekannt ist sie durch die Salzburger Festspiele, durch Film und Fernsehen, und nicht zuletzt durch ein Lied, das heute Kult ist: »Das bisschen Haushalt macht sich doch von selbst, sagt mein Mann.« Ein Thema, das daueraktuell ist.*

*Aber sie hat auch Kinderbücher und die Romane »Sommerschatten« und »Narrenspiele« geschrieben, außerdem Opernparodien.*

*Von Geburt ist sie Österreicherin und von edlem Geblüt. Johanna von Koczian ist Baronin aus einer alten böhmischen Dynastie. Ihr Großvater diente als Kaiserlicher Rat in Brünn.*

*Johanna von Koczian ist eine herzliche Frau, die ausstrahlt, dass sie die Menschen und das Leben mag. Sie verbreitet Wärme und man fühlt sich ihr gleich nah. Sie erzählt:*

Früher hat man über attraktive ältere Frauen gesagt, sie ist eine Frau ohne Alter. Ich finde das richtig, denn ich bin der Meinung, das biologische Alter sagt wenig über einen Menschen aus. Es gibt Menschen, die sind schon mit 40 nicht mehr jung. Andere sind es mit 70 immer noch. Ich glaube, es ist kein Frage des biologischen Alters, wie man sich fühlt oder wie man im Leben steht. Ich glaube, es ist einfach eine Sache der inneren Einstellung.

Bei mir ist es sicher so, dass ich von einer großen Wissbegier bin und immer noch gerne etwas Neues dazulerne. Es ist nie so, dass ich sage, ich weiß schon alles oder ich kann schon alles, ich muss mich nicht mehr weiterentwickeln. Im Gegenteil, für mich ist der Tag und manchmal auch die Nacht zu kurz, weil ich so viele Interessen habe. Ich kann mich für viele Dinge begeistern, bin ein Mensch, dem nie langweilig ist. Langeweile kenne ich gar nicht. Ich finde das Leben so vielschichtig und so abwechslungsreich, dass dieses Gefühl in meinem Leben nicht aufkommt.

Durch den Tod meines Mannes, mit dem ich fast 40 Jahre verbracht habe, bin ich in eine ganz neue Phase meines Lebens eingetreten, und ich befinde mich mitten in einem Umstellungsprozess. Ich muss nun mit völlig veränderten Umständen fertig werden. Was ich für mich erkenne, ist, ich fühle mich absolut selbst verantwortlich für mein Leben. Das erste Mal in diesem Ausmaß. Jetzt habe ich das Gefühl, ich bin direkt mit meinen Lebensumständen konfrontiert, und ich allein entscheide, wie ich sie angehe oder nicht angehe.

Das ist eine ganz neue Erfahrung. Ich habe mich meinem Schicksal gestellt und lerne unentwegt dazu. Ich lerne Dinge, die andere Menschen wahrscheinlich seit Jahren können, nur mir sind sie fremd. Und es ist jeden Tag etwas, was ich neu lernen muss. Mein Mann hat mich beispielsweise immer überall hingefahren, wenn ich irgendwo hin musste. Nun bespreche ich gerade ein Hörbuch und muss eine Dreiviertelstunde quer durch Berlin fahren, um ins Studio zu kommen. Zuerst habe ich mir Gedanken gemacht, was ist, wenn ich mich verfahre? Ich habe mir den Weg erklären lassen, habe mich ans Steuer gesetzt und habe hingefunden. Und auch wieder zurück. Das ist sicher für die meisten nichts Besonderes. Für mich schon.

Der Tod meines Mannes hat mich noch einmal ungeheuer vorwärts geschubst. Durch meinen Beruf war ich immer sehr selbständig und beschäftigt. In all den Jahren habe ich sehr viel gearbeitet. Ich habe gesungen, ich habe Bücher geschrieben. Aber ich habe das Gefühl, was das praktische Leben angeht, fange ich ganz von vorne an. Ich habe beispielsweise nie Überweisungsträger ausgefüllt. Diese Dinge hat immer mein Mann erledigt. Er hat jede Reise vorbereitet, er hat mit Ämtern gesprochen. Das praktische Leben, den Alltag, der dazugehört, lerne ich jetzt erst.

Ich bin plötzlich direkt dem Alltagskram ausgeliefert. Die Beerdigung, das Verhandeln mit Ämtern, die Briefe, die man schreiben musste, alles habe ich erledigen müssen. Wenn Sachen vom Finanzamt kommen, bin ich auch dem jetzt ausgeliefert, und ich mache es.

Am Anfang habe ich gedacht, ich schaffe das vielleicht gar nicht. Ich schaffe es aber, und das wundert mich selbst. Es erfüllt mich auch mit einem gewissen Stolz. Weil ich mir gesagt habe, entweder ich gehe jetzt unter durch diesen Verlust, oder ich schaffe es. Ich stelle fest, dass ich es schaffe. Ich habe auch festgestellt, dass es mich nicht umbringt, dass ich nicht total zusammengebrochen bin.

Ich kann im Prinzip auch sehr gut alleine sein. Allerdings ist dies Alleinsein, das ich jetzt bewältigen muss, ein anderes. Dies ist ein Alleinsein, das ich mir nicht ausgesucht habe. Es ist wie ein Verlassensein.

Wir haben eine sehr harmonische Ehe geführt. Mein Mann fehlt mir ungeheuer. Ich habe meinen Mann und er mich nie als Besitz empfunden. Wir konnten auch in unserer Ehe wunderbar allein sein. Diese Ehe war deswegen so glücklich, weil jeder seinen Freiraum hatte, und trotzdem waren wir immer zusammen. Wir haben alles gemeinsam besprochen, es war eine ungeheure Harmonie, und die fehlt mir jetzt.

Wir hatten absolutes Vertrauen zueinander. Wir konnten über alle Dinge sprechen. Wenn wir einen halben Tag getrennt waren, haben wir telefoniert. Ich habe immer noch in den Knochen, wenn irgendetwas ist, dass ich ihn anrufen und ihm erzählen möchte. Wir haben über dieselben Dinge gelacht. Wir hatten den gleichen Humor. Er war einer der gütigsten Menschen, die mir je im Leben begegnet sind. Seine Art, mit Menschen umzugehen, hat mich immer wieder beeindruckt.

Es war eine Liebe auf den ersten Blick. Aber das heißt ja nicht, dass man gut zusammen leben kann. Das kann auch sehr schnell wieder verfliegen. Eine glückliche Beziehung entwickelt sich erst. Bei uns hat sie sich entwickelt und sie hat gehalten.

In den letzten eineinhalb Jahren vor seinem Tod habe ich fast alles abgesagt, weil ich ihn nicht alleine lassen wollte. Ich wollte ihn pflegen, und ich bereue nicht eine Sache, die ich abgesagt habe.

Den Gedanken an den Tod hat mein Mann immer verdrängt. Das war ein Tabuthema. Er hat nur gesagt, ich will nicht von dir getrennt werden. Und dann hat er das Thema gewechselt.

Wenn ich heute über das letzte halbe Jahr nachdenke, wovon ich drei Monate bis zu seinem Tod in der Klinik war, muss ich sagen, ich habe mir nicht wirklich eingestanden, dass es so kommen würde. Ich habe neben ihm gelebt, ich habe eigentlich alles direkt mitbekommen und doch – man sagt ja mit Recht, die Hoffnung stirbt zuletzt. Erst jetzt kommt alles, was ich da erlebt habe, seine letzte Zeit, in der er ungeheuer viel durchgemacht hat und so tapfer war, hoch. Ich konnte ihn nur bewundern, und auch die Ärzte und Schwestern sagten das. Doch es kommt mir erst jetzt glasklar ins Bewusstsein, was da passiert ist. Und ich frage mich, habe ich es damals nicht so gesehen? Scheinbar hat man eine Schutzhülle um sich herum.

Bis zuletzt war ich optimistisch. Noch kurz vor seinem Tod habe ich einen Rollstuhl organisiert und bin mit ihm draußen herumgefahren. Habe ihm gezeigt, was alles blüht, den Flieder und die Kastanienbäume, und da liefen Eichhörnchen herum. Ich stellte ihn in die Sonne, er hat Sonne so geliebt. Ich habe in der Zeit einfach nicht an ein Ende gedacht. Ich habe in der Gegenwart gelebt und habe versucht, jeden Tag zu genießen.

Wie ich jeden Tag in meiner Ehe mit meinem Mann genossen habe. Ob wir morgens zusammen gefrühstückt haben, ob wir gearbeitet haben, ob wir verreist sind. Ich habe von Anfang an jede Stunde mit ihm genossen. Mir ist nicht erst, als ich ihn verloren hatte, klar geworden, was fehlt. Ich habe nichts versäumt.

Seit seinem Tod dann habe ich ununterbrochen gearbeitet, einen Fernsehfilm nach dem anderen gedreht. Ich spreche dieses Hörbuch, was ich hochinteressant finde, und ich stehe voll im Leben, was mich sehr freut. Ich habe nämlich eigentlich nicht damit gerechnet. In meinem Alter ist es nicht selbstverständlich, dass man dauernd Angebote bekommt. Bei mir war es genau umgekehrt.

Ich stelle fest, dass ich heute viel dynamischer bin als in jungen Jahren. Wenn es immer heißt, man wird alt, dieses oder jenes kann man nicht mehr so, muss ich sagen, auf mich trifft das nicht zu. Ich habe ein fabelhaftes Gedächtnis. Ich habe überhaupt keine Schwierigkeiten, Texte zu lernen, mir Dinge zu merken, die ich sofort abrufen kann, wenn sie wichtig sind. Man sagt auch oft, dass Leute, wenn sie älter werden, vergesslich werden. Das stimmt für mich überhaupt nicht.

Ich habe heute eine andere Sicht der Dinge. Vieles, was mir früher ungeheuer wichtig war, hat an Bedeutung verloren. Wenn man in meinem Alter ist, weiß man, man hat einen großen Teil des Lebens hinter sich. Man fragt sich, was hat man noch vor sich? Ich jedenfalls bekomme eine viel ruhigere Sicht der Dinge, als ich sie früher hatte. Ich bin viel gelassener geworden. Ich bin ein Skorpion und man sagt, der Skorpion hat das achte Haus, das ist das Haus des Todes. Eine gewisse Angst vor dem Tod habe ich immer gehabt. Aber die habe ich völlig verloren. Auch durch den Tod meines Mannes. Alles, was einen früher so wahnsinnig beschäftigt hat, ist nicht mehr so wichtig. Das ist eine Erkenntnis, die mit aller Deutlichkeit in mein Bewusstsein kommt.

Unser Leben hier auf der Erde ist ja im Grunde nur ein Wimpernschlag. Selbst, wenn Sie 100 Jahre alt werden. Das ist ja gar nichts. Ich glaube, wir kommen von woanders und wir gehen auch woanders wieder hin. Inzwischen erkennen Wissenschaftler an, dass Energie nicht verloren gehen kann. Ich glaube, wir gehen wieder zurück in unsere wirkliche Heimat. Ich bin sicher, dass ich meinen Mann wiederfinden werde.

Eine der schlimmsten Redewendungen, die ich kenne, ist: Man muss die Zeit totschlagen. Zeit ist doch das Kostbarste, was wir haben. Wie kann man das totschlagen wollen?

Überehrgeizig war ich nie und habe alles, was ich beruflich schaffen konnte, aus eigener Kraft geschafft. Ich hatte nie Protektion. Ich hatte zwar einmal ein Angebot aus Hollywood, aber ich muss heute sagen, ich war klug genug, es abzulehnen. Weil ich die deutsche Sprache liebe, das deutsche Theater, und ich hätte möglicherweise den Anschluss hier verloren. Auch im Nachhinein fand ich meinen Entschluss völlig richtig. Ich hätte meinen Mann nicht kennen gelernt, mein Leben wäre ganz anders verlaufen. Ich war ja glücklich hier. Ich habe die schönsten Rollen am Theater gespielt. Wir sind ein Land mit einer ungeheuren Kultur. Ich habe, wenn ich in Amerika oder wie gerade jetzt in der Karibik war, immer festgestellt, wie wunderbar es ist, Europäer zu sein. Ich fühle mich in Spanien wohl, ich fühle mich in England wohl, in Österreich, ich bin ja Österreicherin. Ich liebe Europa. Irgendwie habe ich das damals schon begriffen. Es ist interessant, das andere zu sehen, um zu merken, wie gut wir es hier haben. Warum hätte ich also weggehen sollen? Nur, um sagen zu können, ich bin in Hollywood? Ich habe ja einen amerikanischen Film gemacht. Ich habe den Film auf Englisch gedreht und musste auch nicht synchronisiert werden.

Ich habe immer versucht, ehrlich zu sein. Man kann Menschen natürlich nicht ständig mit dem, was man als Wahrheit empfindet, ins Gesicht springen. Auch nicht, wenn man es gut meint. Die meisten Menschen wollen das gar nicht. Aber wenn mich jemand um Rat fragt, werde ich versuchen, ihm mit Respekt und allem Takt ehrlich zu sagen, was meine Meinung ist. Ich werde sie ihm allerdings nicht aufzwingen.

Mein Mann hat immer gesagt, du bist eine 1000prozentige. Das stimmt insofern, als, wenn ich eine Sache mache, ich sie richtig und gründlich machen möchte. Ich möchte nicht schludern. Das ist manchmal ein bisschen zeitraubender, aber es ist mein Naturell. Wenn ich mein Wort gebe, halte ich mich daran. Ich stelle mich den Situationen.

Über mich selbst habe ich einmal gesagt, ich habe Talent zum Glücklichsein. Ich sehe die Dinge, wenn sie mir widerfahren, nicht als Selbstverständlichkeit an, und es hat sicher auch etwas mit Dankbarkeit zu tun. Ich bin mir heute noch mehr als früher bewusst, wie kostbar es ist, wenn Menschen gut zu mir sind, wenn ich Herzlichkeit spüre. Früher sah ich manches als selbstverständlich an. Im Grunde ist nichts selbstverständlich.

Es hat natürlich etwas damit zu tun, wie man auf Menschen zugeht. Ich war Zeit meines Lebens eher scheu. Mein Mann hatte dagegen eine unglaublich gute Art, auf Menschen zuzugehen. Er war von einer angenehmen Autorität. Seine Mitarbeiter waren manchmal ergriffen, weil die Arbeit mit ihm so schön war. Ich dagegen habe mich immer ein bisschen schwer getan, weil ich scheu war. Inzwischen habe ich gelernt, mehr auf Menschen zuzugehen. Das bekomme ich dann auch wieder. Eine wunderbare Erfahrung.

Das Leben finde ich letzten Endes sehr aufregend. Meine jetzige Lebensphase ist eine interessante, aber das waren die anderen auch. Ich finde reife Menschen, die ein Gesicht haben, ungeheuer interessant. Menschen, die Lebensweisheit ausstrahlen. Wie kann man so etwas in die Ecke stellen und sagen, die sind ja nun schon alt. Das passiert in unserer Gesellschaft und ich finde es kriminell.

Auf meine Gesundheit zu achten, halte ich für wichtig. Ich rauche nicht, trinke nicht, bin keine Partygängerin. Ich schwimme wahnsinnig gern. Ich gehe gern spazieren, bin gerne an der frischen Luft. Ich tue bewusst etwas für meinen Körper, denn er ist das Haus, in dem meine Seele wohnt. Wie schon die Lateiner sagten, mens sana in corpore sano. Ich habe es immer als meine Verpflichtung angesehen, meinen Körper nicht zu vernachlässigen.

Charley Chaplin sagte gegen Ende seines Lebens: My time is running out. Das sehe ich für mich noch nicht ganz so. Natürlich kann jedem von uns morgen irgendetwas zustoßen, was das Leben beendet. Aber ich habe noch so viel Vitalität und Kraft in mir, dass ich mir mit diesen Gedanken noch Zeit lassen kann. Ich möchte noch gute Rollen spielen. Ich kann es mir auch leisten, Rollen abzulehnen. Das habe ich eigentlich immer gemacht, selbst, wenn ich dringend Geld gebraucht hätte. Wenn ich gedacht habe, davon sollte ich besser die Finger lassen, dann habe ich mir geleistet, Dinge nicht zu machen. Darin hat mein Mann mich immer fabelhaft unterstützt. Auch in einer Zeit, wo wir es gebraucht hätten. Und auch das habe ich ihm hoch angerechnet.

Einmal hatte ich ein wahnsinnig nettes Erlebnis auf einer Tournee. Ich saß in meinem Hotel und habe etwas gegessen. Da kam eine Dame, die fragte, ob sie sich einen Moment zu mir setzen dürfte. Ich bejahte. Sie war die Frau eines Arztes und sie sagte: Immer wenn ich Sie sehe, hat es meine Familie die nächsten drei Wochen besser. Das habe ich nie vergessen.

## Das Glück erkennen

*Es braucht zu allem ein Entschließen, selbst zum Genießen.*

EDUARD VON BAUERNFELD

Monika Peitsch: »Wir werden zwar älter, aber immer besser«

*Als ich die Fernseh- und Theaterschauspielerin Monika Peitsch in ihrer Wohnung in München Bogenhausen besuche, sind ihre ersten Worte: »Ich fliege nachher mit Ihnen zurück nach Hamburg.« Sie, die Hamburg geliebt und gerne dort gelebt hat, tut sich schwer, sich nach 25 Jahren im Norden auf München umzustellen.*

*Als Kind habe ich sie in »Die Unverbesserlichen« mit der inzwischen verstorbenen Inge Meysel gesehen, und seit damals scheint sie sich gar nicht verändert zu haben. Sie ist grazil, quirlig, lebendig und wirkt sehr jung. Trägt bequeme Jeans und einen Pulli mit V-Ausschnitt. Versinkt, nachdem sie Tee gekocht hat, mir gegenüber in einer weichen Couch. Sie hat einmal in einem Interview gesagt: »Wohnen ist mein Hobby.« Das sieht man. Ihre Wohnung ist ausgestattet in einem geschmackvollen Mix aus alten und modernen Möbeln. Jedes Stück ist sorgfältig abgestimmt. Im Wohnzimmer neben den tiefen naturfarbenen Sofas ein Sessel mit Leopardenmuster. An der Wand ein Chippendale-Sekretär, an dem sie ihre Autogrammpost erledigt.*

*Ihr Lebensgefährte, der Hamburger Makler Sven Hansen-Höchstedt, hält sich während unseres Gesprächs im Hintergrund. Sie beantwortet meine Fragen:*

**Sind Sie ein gläubiger Mensch?**

Ja, ich bin ein gläubiger Mensch. Ich bete jeden Abend und halte Zwiesprache mit Gott. Dadurch kann ich meinen Tag noch einmal intensiv Revue passieren lassen und die schönen Momente festhalten. Wenn ich zum Beispiel von einem Menschen auf der Straße ein Lächeln geschenkt bekomme, verschönt mir das den Tag und macht ihn wertvoller. Weil auch ich versuche, meine Seele einmal am Tag lächeln zu lassen. Ich glaube, dass die Seele nicht stirbt. In welcher Form sie wiederkommt, weiß ich nicht. Ich weiß, dass sie immer da ist. Und wenn man dieses Leben mit Anstand lebt, wird man irgendwann im nächsten Leben, an das ich glaube, eine höhere

Stufe erreichen. Das ist meine innere Gewissheit, und deswegen halte ich es für sehr wichtig, mich in diesem Leben anständig zu verhalten.

**Wenn Sie Ihre verschiedenen Lebensphasen anschauen, wie würden Sie sie rückblickend beschreiben?**

Mit 20 war ich mit mir selbst unglücklich. Ich wollte herausfinden, wie ich bin. Geliebt zu werden war mir unendlich wichtig. Ich habe viele Phasen in meinem Leben durchgemacht. Von der Protesthaltung bis hin zum Blumenkind. Zwischen 20 und 35 habe ich so viel ausprobiert, dass ich mich mit Ende 30 ausgebremst und mir gesagt habe, so geht es nicht. Ich spiele ein Spiel, ich bin nicht ich. Man kann nur den Weg der Achtung vor sich selbst gehen, wenn man die Balance zwischen innen und außen herstellt. Nur so kann man angstfrei werden. Wenn man die innere Sicherheit hat, dann kann man sich auch leisten, Fehler zu machen. Ich sagte mir, bau dir deine eigene Persönlichkeit auf, erkenne deine Stärke, zeige deinen Charakter. Versuche nicht, immer freundlich zu sein, etwas zu bedienen. Das habe ich viele Jahre lang versucht und es ist aus meiner heutigen Sicht völlig unsinnig. Aus falsch verstandener Schüchternheit und Freundlichkeit bin ich oft einen falschen Weg gegangen.

**Welche Schwächen und Stärken haben Sie an sich entdeckt?**

Meine Stärke ist Ehrlichkeit, unbedingte Verlässlichkeit, Disziplin. Ich habe Respekt vor anderen Menschen und deren Arbeit. Ich bin heute viel eher bereit, Zugeständnisse zu machen, und wenn man älter ist, regt einen das auch nicht mehr so auf. Ich kann heftig aufbrausen. Wenn ich wütend werde, gehe ich eine halbe Stunde spazieren. Wenn ich wiederkomme, ist die Wut verraucht. Meine Schwäche ist Unduldsamkeit mit Unzulänglichkeiten. Ich musste lernen, mich zurückzunehmen und zu sagen, ich nehme auf den anderen Rücksicht. Eine gewisse Impulsivität ist aber auch eine Frage des Temperaments, und was das angeht, bin ich im Einklang mit mir und finde das in Ordnung.

**Was sehen Sie als Fehler oder als tiefes Tal in Ihrem Leben?**

Beruflich habe ich Fehler gemacht. Ich habe eine Serie gedreht zu einer Zeit, wo man keine Serien machen durfte. Diese Serie, die heute eine Kultserie ist, »Okay Sir«, war damals ein Flop und hat mir geschadet. Ich habe mich danach sechs Jahre lang aus diesem Metier zurückgezogen, weil ich nur noch Drehbücher dieser Art angeboten bekam, und bin zurück ans Theater gegangen. Und ich habe mir natürlich meine Gedanken darüber gemacht, warum ich diesen Fehler gemacht habe. Ich war naiv, war einfach auch nicht wählerisch genug. Ich konnte damals nicht ermessen, dass diese Serie eine Gefahr für meine berufliche Laufbahn war.

**Konnten Sie in dieser beruflichen Krise auch eine Chance sehen?**

Durchaus. Diese Krise war schmerzhaft, aber sehr heilsam. Wenn man durch ein Tal geht und das Glück hat, das zu erkennen, dann erwächst daraus natürlich eine besonders große Phase. Man wird auch demütig und bescheidener dem Leben gegenüber. Die Chance war sicherlich, dass ich in der Zeit meinen Sohn bekommen habe. Ich dachte, was für ein Gottesgeschenk. Dadurch, dass ich Theater gespielt habe, hatte ich genug Zeit für ihn.

**Wie empfinden Sie den Lebensabschnitt, den Sie gerade durchlaufen?**

Ich genieße das Leben im Moment mit allem, was es mir täglich bringt. Ob das die Sonne ist, die Natur oder meine Freunde. Ich glaube übrigens, das ist eine Frage des Alters, dass man lernt, viel mehr zu genießen. Ich habe auch gelernt, toleranter zu sein. Mit Menschen und mit mir selbst. Wenn man es geschafft hat, Toleranz zu lernen, ist das eine große Bereicherung des Lebens, und Humor gibt mir immer öfter das erlösende Stichwort.

**Welche Dinge sind in diesem Alter wichtig für Sie?**

Das Alter hat wunderbare Seiten, was ich, als ich jung war, nicht geglaubt habe. Es gibt so viele Kleinigkeiten, die in meinem Alter selig machen. Ich bin in meinem Leben reich beschenkt worden. Damit meine ich nicht die irdischen Güter, ich meine die seelischen Güter, den inneren Reichtum. Man wird viel bewusster, man wird noch neugieriger, man nimmt Dinge viel gelassener, und auch beruflich bin ich in meinem Alter in einer Phase, die ich sehr genieße. Ich habe aber auch immer an mir gearbeitet. Man erfährt ja ständig etwas Neues über sich selbst.

**Welche Rollen spielen Sie heute im Gegensatz zu früher?**

Vor zwei Jahren sagte ein Regisseur zu mir, ich hätte eine sehr schöne Rolle für dich, sie hat nur einen Haken. Ich fragte, welchen? Er sagte, du wärest die Großmutter. Ich fragte, wo ist da der Haken? Endlich eine Großmutter! Nicht immer die Geliebte. Nach dieser Großmutterrolle kam sofort die zweite Großmutterrolle. Ich habe es sehr genossen, das zu spielen. Dadurch macht mir das Alter, in dem ich im Moment bin, Freude. Ich fühle mich gut, bin gesund und geistig fit.

**Was ist Glück für Sie?**

Das größte Glück ist für mich zu bemerken, zu sehen, zu fühlen, dass es mir gut geht. Und ich stelle fest, mit zunehmendem Alter bemerkt man es mehr als früher.

**Welche Eigenschaften an anderen Menschen stören Sie?**

Jeder Mensch hat etwas Wunderbares an sich, und das herauszufinden, ist unsere Aufgabe. Unanständig, maßlos oder respektlos anderen Menschen gegenüber zu sein, finde ich schrecklich. Ich beteilige mich auch nie daran, wenn andere hinter ihrem Rücken kritisiert werden. Kritik muss zwar sein, aber ich mag keine destruktive Kritik. Eine direkte konstruktive Kritik finde ich in Ordnung. Auch Unerzogenheit finde ich ganz schrecklich. Ich bin streng erzogen worden, vielleicht etwas zu streng, und davon musste ich mich im Laufe der Jahre befreien. Aber gutes Benehmen finde ich unglaublich wichtig.

**Man sagt, Loslassen ist das Geheimnis des Lebens. Haben Sie Erfahrung damit?**

Loslassen gehört zu meinem Leben. Es zu praktizieren war ein großer Lernprozess. Im Moment versuche ich, Hamburg loszulassen, weil wir nach vielen Hamburger Jahren nach München gezogen sind. Das ist aber auch wieder spannend, weil ich mich neu orientiere, mit neuen Menschen zusammenkomme. Es ist ein ständiger Lernprozess. Festhalten ist aber auch ein Thema für mich. Ich habe an Freundschaften sehr festgehalten, viel investiert. Ich hatte ja wenig Zeit, habe aber, wenn ich unterwegs war, immer viel und intensiv telefoniert. Meine Freundschaften pflege ich bewusst. Es wird im Alter immer wichtiger, Freunde zu haben. Mit Freunden zu verreisen, mit ihnen ein gemeinsames Abendessen zu haben, spannende Gespräche zu führen oder einfach zu sagen, ich habe mir einen Pullover gekauft, findest du ihn gut?

**Welches ist Ihr Lebensmotto?**

Mein Lebensmotto ist: In der Ruhe liegt die Kraft und im Schweigen. Ich brauche Auszeiten für mich. Ich brauche die Stille für den nächsten Tag, besonders wenn ich arbeite. Ohne Hetze einen Tag zu beginnen ist für mich unablässlich. Auch ein Gespräch findet nur dann richtig Gehör, wenn man sich mit einer inneren Ruhe ausdrückt.

**Mögen Sie mit sich allein sein?**

Allein sein kann ich wunderbar. Man weiß ja, man ist nicht auf dieser Welt allein, sondern hat eine Familie. Phasen des Alleinseins brauche ich sogar. Von Zeit zu Zeit verkrieche ich mich in unser Bauernhaus auf Sylt, weil ich das Bedürfnis habe, allein zu sein, um Kraft zu schöpfen. Ich habe dann meinen festen Tagesablauf. Ich schlafe gerne lange, anschließend gehe ich spazieren. Dabei rücken sich für mich die Dinge des Lebens wieder ins richtige Lot. Ich schöpfe so Energie für die Anforderungen des täglichen Lebens.

**Welche Werte sind Ihnen wichtig?**

Meine Erfahrung ist, wenn man gibt, tut man sich auch selber Gutes. Es macht zufrieden, von seinem eigenen Glück abgeben zu können. Wenn man beispielsweise einem Kind in Indien Leben und Lernen ermöglicht, indem man die Patenschaft für es übernimmt. Ich rücke immer mehr ab von Äußerlichkeiten, das Einfache wird mir wichtig, das Äußerliche unwichtig. Ein Gespräch mit Freunden oder eine Tulpe aus der Erde wachsen zu sehen, das sind Dinge, die für mich an Bedeutung gewinnen.

## Nicht aufgeben

*Tue das, wodurch du würdig wirst, glücklich zu sein.*

IMMANUEL KANT

Rita Süssmuth, geboren 1937 in Wuppertal: »Man muss einmal mehr aufstehen als hinfallen«

*Bei Professor Rita Süssmuth habe ich als Studentin gern Pädagogikvorlesungen, beispielsweise in international vergleichender Erziehungswissenschaft, gehört. Damals lehrte sie an der PH in Dortmund und an der Ruhr-Universität in Bochum, wo ich studiert habe. Sie war mutig, unerschrocken und frauenbewegt. Sie sprach offen über Frauenthemen, scheute kein klares Wort und bekannte sich zu ihren unkonventionellen, fortschrittlichen Ansichten. Ihre Studenten und vor allem ihre Studentinnen mochten sie sehr, verehrten sie geradezu. Denn sie war nicht die ferne Professorin, sie war jederzeit ansprechbar für ihre Studenten. Sie war wie der Spitzname, den sie später bekam: Lovely Rita.*

*Wir sitzen in ihrem kleinen Büro in den Räumen des Deutschen Bundestages in Berlin. Wenige Türen weiter hat Exbundeskanzler Helmut Kohl seine Räume. Sie empfängt mich freundlich und ich empfinde sie im Gespräch entgegenkommend, offen und unkompliziert. Sie ringt um korrekte Formulierungen, spricht druckreif. Als ich Rita Süssmuth erzähle, dass ich eine ihrer ehemaligen Studentinnen bin, strahlt sie. Immerhin ist das 30 Jahre her. In der Zeit ist viel passiert.*

*Ihre wichtigsten Stationen: Von 1985 bis 1988 war sie Bundesministerin für Jugend, Familie und Gesundheit, und sie war keine angepasste bequeme Ministerin. Sie sprach Themen offen an, aus denen ihr schließlich ein Strick gedreht wurde. Von 1988 bis 1998 war sie Präsidentin des Deutschen Bundestages. Rita Süssmuth hat in ihrer politischen Karriere einiges an Fouls wegstecken müssen. Doch sie gab nie auf, kapitulierte nicht. Sie stand immer wieder auf.*

*So, wie ihre Gegner sie nicht schonten, sorgten ihre Befürworter dafür, dass sie angemessen für ihr großes Engagement geehrt wurde. Sie wurde 1987 zur Frau des Jahres gewählt, bekam mehrere Ehrendoktorwürden in Deutschland und den USA verliehen und das Bundesverdienstkreuz überreicht. In der Politik hat sie alle Höhen und Tiefen durchlebt, und das hat Spuren hinterlassen. Sie erzählt:*

In meinem Alter weiß man, die Arbeit an sich selbst hört nie auf. Die Arbeit daran, nicht in Pessimismus zu verfallen, ist dabei sehr wichtig. Das ist etwas, was ich mir zur täglichen Übung gemacht habe. Wenn mir nur noch gesagt wird, wie schlecht alles ist, können Sie sicher sein, dass ich Gegenkräfte entwickle.

Es gibt zwei Leitmotive in meinem Leben. Das eine: Nicht aufgeben. Bevor ich ein Ziel aufgebe, muss schon viel passieren. Entweder muss ich überzeugt werden, du hast eine falsche Zielvorstellung. Oder ich habe alles versucht und stelle fest, ich bekomme es nicht hin. Aber normalerweise bin ich sehr beharrlich, wenn ich mir ein Ziel gesetzt habe. Ein gutes Beispiel, dass Beharrlichkeit etwas bringt, ist die Verhüllung des Reichstagsgebäudes. Die war aussichtslos und ist am Ende doch erfolgt. Daran sieht man, aussichtslos muss nicht aussichtslos bleiben.

Das Gleiche gilt für den langen Weg zu einer sanften Frauenquote, ebenso für den Umgang mit dem Paragraphen 218. Das waren keine Ziele nach dem Motto: »Ich kam, ich sah, ich siegte.« Das waren immer lange Wege.

Mein zweites Leitmotiv liegt in dem Zitat: Man muss einmal mehr aufstehen als hinfallen. Aus dem Scheitern darf man nicht die Konsequenz ziehen, jetzt ziehe ich mich zurück. Eltern wollen ja heute bei ihren Kindern das Erlebnis des Scheiterns verhindern. Das ist nicht richtig. Ich finde, dass die Erfahrung des Scheiterns wichtig ist fürs Weitermachen.

Und ich kann wirklich nicht sagen, dass ich keine Erfahrungen des Scheiterns gemacht habe. Eine meiner schmerzlichsten Erfahrungen waren die Angriffe aufgrund meines Eintretens für den geltenden Kompromiss des Paragraphen 218. Da hieß es »Mörderin« und es kam der Ruf, ich möge zurücktreten, weil ich das Leben nicht schütze. Doch es gibt nun einmal Konflikte im Leben, über die ich nicht richten kann. Für den existentiellen Konflikt zwischen Leben schützen und schuldhaft werden, indem ich Leben abbreche, gibt es keinen Anspruch auf die richtige Lösung. Ich kann für Verhalten in solch einem Konflikt nur Möglichkeiten aufzeigen. Das ist ein sehr komplizierter Vorgang, und ich vertrete den Standpunkt, jede Frau muss das letztlich persönlich entscheiden. Diese Angriffe haben mich schon sehr verletzt. Das ging sehr tief.

Etwas anderes, was mich sehr verletzt hat, wo ich allerdings froh bin, dass ich nicht aufgegeben habe, waren die Angriffe, ich hätte die Flugbereitschaft der Bundeswehr für meine privaten Reisen missbraucht. Diese Angriffe erfolgten zu einem Zeitpunkt, da sollte ich endgültig »abgeschossen« werden, und das wusste ich auch. Dass ich durchgehalten habe, darüber bin ich bis heute froh. Aber es war fast nicht mehr zum Aushalten, so sehr hat mich das belastet.

Ich würde mich als frauenbewegte Frau bezeichnen, denn ich verdanke dieser Bewegung für mich selbst große Veränderungen.

Ich bin zunächst viel stärker von Männern als von Frauen geprägt worden, und zwar von Männern, die mich gefördert haben. Das war mein eigener Vater, das waren aber auch Hochschulprofessoren. Auch mein Mann hat mich nie als Bedrohung oder Konkurrenz empfunden. Er hat als Hochschulprofessor selbst Frauen gefördert.

Ich gehöre nicht zu den Pionieren der Frauenbewegung, war auch zunächst keine Aktivistin. Frauen wie Alice Schwarzer, die meiner Generation vom Alter her nahe stehen, haben mich wachgerüttelt. Eines meiner weiblichen Vorbilder außerhalb des Hochschulbereiches war Helge Pross. Des Weiteren kann ich mich erinnern, dass ich fast meinen Ministerposten verloren hätte, als ich sagte, Simone de Beauvoir – der ich nicht in allem folge – hat mir die Augen geöffnet.

Als ich in jungen Jahren Dozentin wurde, spielten Frauenfragen noch gar keine Rolle. In meiner beruflichen Laufbahn an der Universität haben mich ja zunächst die Themen Kinder und Kindheit beschäftigt. Die Rolle und die Sicht des Kindes von der Anthropologie her haben mich sehr interessiert. Die Geschlechterdifferenzierung ist mir auf meinem Weg erst in den 70er Jahren begegnet. In der Zeit bin ich praktisch vom Schreibtisch aus in die Frauenbewegung eingestiegen, und bin wirklich zur Anwältin der Frauen geworden.

Zunächst hat die Frauenbewegung in mir angestoßen, zu sehen, wo werden Frauen ausgenutzt, und welche Hierarchien bestehen? Die nicht anerkannten Fähigkeiten von Frauen sind mir wichtig geworden. Angefangen bei Hegels Vernunftbegriff bis hin zu seiner Mahnung: »Lasst die Frauen aus der Politik, weil sie die Weltordnung durcheinander bringen.« Frauen hätten keine analytische Intelligenz, seien nicht intellektuell, sondern emotional. Die in der Geschichte aufgekommenen Vorurteile, und das Aufräumen mit diesen Vorurteilen, hat mich in meiner intellektuellen und politischen Arbeit sehr gefordert. Ich untersuchte, wie sieht das aus mit der Herrschaft des Mannes über die Frau? Partnerschaft war zwar ein freundliches Wort, aber sie wurde nicht gelebt. Ich forderte Frauen auf: »Hört endlich auf, immer zu sagen, das können wir nicht, das ist nicht unsere Rolle. Sondern fragt euch selbst, was ihr könnt, was zu euch passt, und was ihr selbst ergreifen könnt.« Das alles hat mich sehr bewegt. Ich wäre ohne diesen Erkenntnisprozess sicher einen nicht frauenbezogenen Weg gegangen. Ich nehme sogar an, dass ich nie zum Migrationsthema gekommen wäre, wenn ich nicht vorher das Thema Frauen bearbeitet hätte.

Ich glaube aber auch, dass wir nicht von d e n Frauen reden können. Es gibt unterschiedliche Gruppierungen. Die mittlere Generation der 40- bis 55-Jährigen ist sicherlich durch uns frauenbewegte Frauen geprägt worden. In erster Linie hat sie ein neues Selbstwertgefühl, eine neue Initiativhaltung gewonnen, fragt sich, was kann ich als Frau aus meinem Leben machen? Diese Generation hat die Perspektive, das Älterwerden muss mich nicht schrecken. Denn es gibt Funktionen über das biologisch Attraktive einer weiblichen Erscheinung hinaus, in dem, was die Frau tut, was sie gestaltet. Darin sind wir auch für Jüngere wichtige Gesprächspartnerinnen geworden. Meine Erfahrung ist, dass der Kontakt zur jungen Generation gegeben ist.

Heute urteile ich, Frauen meiner Generation waren tonangebend. Wir waren für eine gewisse Zeit durchaus prägend. Wir haben einige Veränderungen herbeigeführt. Aber wie nachhaltig unser Einfluss ist, das versehe ich mit einem Fragezeichen. Inzwischen hat sich eine junge Frauengeneration etabliert, die verbal zwar erklären würde, die Frauenbewegung war wichtig für uns. Aber sie praktiziert einen ganz anderen Lebensstil und nimmt andere Lebenshaltungen für sich in Anspruch. Das ist eine Generation, die zwar von der Frauenbewegung profitiert hat, die aber andererseits sehr pragmatisch und mitunter Frauensolidarität vergessend an ihre eigene Lebensrolle herangeht. Diese Frauen haben die Früchte für sich genutzt, identifizieren sich aber nicht mehr mit der Frauenbewegung. Für viele liegt die Frauenfrage hinter ihnen. Ich sehe nicht, wie sich die Einflussnahme von Frauen in den verschiedenen politischen Gremien noch von der Einflussnahme von Männern unterscheidet.

Ich bin nicht der Meinung, dass man eine Frauenbewegung permanent durchhalten kann. Ich frage eher, was wünsche ich mir, was davon erhalten bleibt? Wünsche ich mir, dass wir einen entschiedenen Standpunkt einnehmen, dass wir, wenn nicht eine Vision, so doch eine Position einnehmen, die erkennen lässt, was Frauen wichtig ist? Beispiel: Ich erlebe heute weniger Frauen, die sich dezidiert einsetzen für die Alterssicherung der Frau. Das ist ein kleiner Kreis von Engagierten geworden. Ich erlebe heute weniger Frauen, die sich dezidiert einsetzen für kooperativen Wettbewerb statt für einen mörderischen Wettbewerb. Ich erlebe weniger Frauen, die erklären, dass das Zusammenleben in Fürsorglichkeit und Rücksichtnahme etwas Wichtiges ist. Es geht ja nicht nur darum, sich selbst aus Fesseln zu befreien, sondern auch zu fragen, wie bleibt diese menschliche Gesellschaft untereinander fürsorglich und achtsam? Das sind Dinge, die mir wichtig geblieben sind. Wie tritt die Frau für die andere Frau ein?

Mich hat sehr geprägt, mitten im Dritten Reich 1937 geboren zu sein. Ich war, als der Krieg zu Ende ging, acht Jahre alt und habe bewusst die Nachkriegszeit erlebt. Prägend wurde auch die spätere geistige Beschäftigung damit, was war das eigentlich für ein System? Wie brutal und vernichtend wurde mit der Judenfrage umgegangen? Es gibt ja häufig die Behauptung, die intensive Beschäftigung mit dem Nationalsozialismus schwäche uns in unserer Identität. Sie schaffe ein Gefühl von permanenter Schuldbeladenheit. Das kann ich nicht bestätigen. Mich hat diese Auseinandersetzung stärker gemacht. Das Befassen damit hat, im Gegenteil, mein Gewissen geschärft und mich nicht in meiner Identität geschwächt. Ich gehöre zu denjenigen, die sagen, daraus haben viele Deutsche ihre Konsequenzen gezogen. Und das ist das Positive, das wir daraus gelernt haben in Bezug auf Demokratie und Achtung vor den anders Denkenden und in dem Bemühen, Konflikte anders als durch Gewalt zu lösen.

Die Phase, die ich gerade durchlaufe, empfinde ich einerseits als sehr positiv. Neu gewonnene und auch in der Verarbeitung befindliche Lebenserfahrungen mit neuen Lernmöglichkeiten verleihen mir eine ungeheure Energie und Kreativität. Andererseits gibt es eine gesellschaftliche Erwartung, die hemmt. Nämlich die Sicht des Älterwerdens. Im Grunde genommen ist die Erwartung: »Du hast ein bestimmtes Lebensalter erreicht, ziehe dich zurück.« Das bemerke ich auf Schritt und Tritt. So etwas wird nicht ausgesprochen, aber ich merke es an den Einladungen, die ich bekomme. Einerseits erweitert sich mein Leben im Alter, andererseits bekomme auch ich zu spüren, dass man nur noch bedingt dazugehört. Das ist das Gleiche, was auch passiert, wenn wir aus dem Erwerbsleben ausscheiden. Die verantwortliche Übergabe und Übernahme von Gestaltungsaufgaben wird entzogen. Ich ziehe mich zwar nicht zurück, trotzdem habe ich tagtäglich mit dieser Ambivalenz zu leben. Die Erwartung ist: Komm – aber geh! Diese Erwartung kenne ich aus vielen Situationen.

Ich stelle das nicht bei Veranstaltungen im öffentlichen Raum fest. Aber ich würde beispielsweise äußerst selten in meine frühere Landesgruppe gehen, weil ich vermute, es würden Stimmen laut, »die kann sich von ihren Ämtern nicht lösen.« Ich würde nie irgendwohin gehen, wo ich den Eindruck hätte, es ist denen lieber, wenn ich nicht erscheine oder nur selten.

Ich persönlich erlebe in meiner geistigen Schaffenskraft das Älterwerden als wunderbar. Ich spüre noch keine nachlassenden Kräfte. Doch in meiner biografischen Betrachtung ist mir gegenwärtig, dass dieses die letzte Lebensphase ist. Die Begrenzung von Zeit, die ja eigentlich immer existiert, wird einem sehr viel bewusster. Die Frage, wie füllst du diese Zeit noch aus? Was ist denn jetzt wichtig? Die Prioritäten werden neu gesetzt, und in diesem Sinne wird das Leben intensiver. Und zwar in vielerlei Hinsicht. Ich erlebe Jahreszeiten intensiver, schaue genauer hin. Das Bewusstsein für die Endlichkeit hat mitunter etwas Trauriges, weil sich in der Begrenzung zeigt, es kann jeden Tag zu Ende gehen.

Ich engagiere mich für die Hospizbewegung und war gerade wieder in einer Hospizgruppe. Dort habe ich besonders erlebt, wie das Leben bei schwerer Krankheit und in Erwartung des Todes mit einer unglaublichen Konzentration und Intensität eine Verdichtung erfährt. Bei den betroffenen Familienangehörigen und den Kranken kann man eine Verdichtung des Lebens beobachten, die nicht nur geprägt ist von Abschied, sondern auch davon, miteinander fröhlich zu sein, miteinander noch Leben zu genießen, auch die Schwierigkeiten des anderen zu teilen, intensiv beieinander zu sein. Das sind wunderbare Erfahrungen, die ich da mache.

Dinge, über die ich vor zehn Jahren nicht nachgedacht hätte, sind: Was lässt du zurück, was andere dann wegräumen können? Früher hätte ich nur an Aufbewahren gedacht. Heute frage ich mich: Was räumst du auf? Was wirfst du weg? In meinem Beruf haben Sie ja eine Menge von Dokumenten, wo man nicht einfach sagen kann, die übergebe ich der Nachwelt.

Für mich wird nach einem intensiven Berufs- und Politikerleben das Soziale wieder sehr wichtig. Es bekommt einen noch höheren Stellenwert. Ich frage nicht nur, welches Buch schreibe ich noch? Ich frage mich auch, was tue ich noch an konkreten sozialen Dingen? Mein Wunsch wäre es, so lange wie möglich aktiv bleiben zu können. Nicht nur im Sinne der selbständigen Lebensführung, sondern ebenso aktiv zu sein im sozialen Lebensraum.

Auch die Partnerschaft bekommt einen neuen Stellenwert. Für meine Partnerschaft bin ich sehr dankbar. Ich bin eine lebenslang Suchende und Entdeckende. Ich bin sehr interessiert, was gibt es, was ich noch gar nicht kenne? Und das suche ich nicht nur in anderen Kulturen, in der Kunst oder Theologie. Das suche ich auch in anderen Menschen. Und in meiner Partnerschaft, wo ich bis heute immer noch Neues entdecke. Wir bleiben ja ein Leben lang auf Entdeckungsreise gegenüber dem anderen und uns selbst.

Wenn nichts mehr passiert, fehlt es an Lebendigkeit. Solche Strecken gibt es natürlich im Alltag jeden Paares. Man bekommt den Eindruck, da bewegt sich gar nichts mehr. Dann gilt es etwas für die Lebendigkeit zu tun. Sich einlassen, sei es auf die andere Person, sei es, sich ein Stück in eine andere Welt bewegen. Wenn ich mich neu einlasse, ist das für mich immer mit Entdeckungen verbunden.

Jugendwahn ist nicht nur ein Schlagwort. Diese Gesellschaft ist über einen längeren Zeitraum auf ein bestimmtes Weltbild von Jugendlichkeit getrimmt worden. Das beginnt bei der Art sich zu kleiden, bei der äußeren Erscheinungsform, bei der Frauen bedeutet wird, sie müssen faltenfrei sein, in Kleidergröße 36 bis 38 hineinpassen, dürfen keine grauen Haare haben. Es gibt den Zwang, einen bestimmten Typ darzustellen. Das bedeutet, auch ein bestimmtes Lebensalter nicht überschritten zu haben. Ein Lebensalter, das sich in körperlichen Merkmalen, in Leistungsmerkmalen, in sozialen Merkmalen niederschlägt. Wie man seine Freizeit verbringt, für welche Stars man sich interessiert. Das hat dazu geführt, dass wir im Vergleich zu unseren Nachbarn in ein viel zu frühes Rentenalter eingetreten sind. Heute sind nur noch 38 Prozent der Menschen bis zum 65. Lebensjahr in ein Arbeitsverhältnis eingebunden. Das entspricht überhaupt nicht dem biologischen und sozialen Wandel der älteren Generation. In Norwegen und auch Schweden gibt es da ganz andere Freiheitsgrade. Als 65-jähriger Professor in Deutschland muss man in andere Länder auswandern, wenn man seine Forschung in fortgeschrittenem Alter weiter betreiben will. Dabei sollten wir besser fragen, wie eröffne ich neue Möglichkeiten? Der heute 70-Jährige hat eher das Erscheinungsbild des früheren 60-Jährigen. Wir leben länger und sind später alt und gebrechlich. Da haben sich die Grenzen verschoben. Von daher ist es wichtig, dass das Generationenfeld neu bestimmt wird. Wir brauchen eine Richtlinie gegen Altersdiskriminierung. Es wird einseitig das »Nicht mehr« gesehen, statt den Blick auf das »Noch immer« zu richten.

Die Älteren werden wieder stärker gebraucht. Ich glaube, dass die Vorstellung von Rente mit 55, das Leben auf Mallorca oder auf einer anderen Freizeitinsel verbringen, die nächsten Jahre unseres Zusammenlebens weniger bestimmen werden. Stattdessen werden mehr ältere Menschen länger arbeiten müssen. Es werden die Werte und Erfahrungen dieser Lebensgruppe wieder stärker genutzt werden. Dass der 40-Jährige schon zu alt ist für eine Führungsposition, wird rückläufig sein.

Ich wünsche mir, dass ich in meiner Schaffenskraft noch ein gutes Stück so weitermachen kann wie bisher. Ich wünsche mir außerdem für die nächsten zehn Jahre ein gutes Miteinander mit den Jüngeren. Ich wünsche mir, dass wir wieder mehr Kinder haben und dass möglichst viele Menschen ihr Leben in die Hand nehmen und nicht darauf warten, dass ein Gewährleistungsstaat entsteht, der sie nur enttäuschen kann.

## Werden, was in einem steckt

*Nur die Menschen, die für die Weisheit Zeit haben, sind frei von Unruhe. Sie allein leben.*

SENECA

Foto: © Peter Bischoff

Heide Keller, geboren 1942 in Düren: »Authentisch wird man erst in späteren Jahren«

*Seit über 24 Jahren spielt Heide Keller die Chefstewardess Beatrice auf dem »Traumschiff«. Den guten Geist, der für die kleinen und großen Probleme und Nöte der Passagiere zuständig ist und die Gäste mit dem Satz: »Willkommen an Bord« begrüßt. Die Drehorte liegen an den schönsten und exklusivsten Orten der Welt. Dort hält sich die Schauspielerin manchmal monatelang auf, taucht in eine andere Welt ein.*

*Wir treffen uns in Berlin, wo sie mit Jochen Busse im Theater am Kürfürstendamm in einer Komödie spielt. Diesem Kollegen habe ich das Interview zu verdanken, denn er ermutigte sie: »Das musst du machen Heide.« Ebenfalls im Theater am Kurfürstendamm sah der »Traumschiff«-Produzent Wolfgang Rademann sie 1980 in einer Vorstellung. Auf der Suche nach einem unverbrauchten Gesicht für seine TV-Serie entschied er sich für Heide Keller. Inzwischen sind weit über 50 Folgen gelaufen.*

*In der großen schönen Wohnung mit den weiß gestrichenen Balken unterm Dach, die das Theater für Schauspieler zur Verfügung stellt, ist es brüllend heiß. Alle Fenster sind geöffnet, doch die Luft steht, es gibt keinen Durchzug. Heide Keller, die eine rosa Leinenhose und eine rosa Hemdbluse trägt, ist privat ebenso liebenswürdig und sympathisch wie als Stewardess Beatrice. Die Theater- und Fernsehschauspielerin versorgt mich mit Mineralwasser und will ihr halbes Hähnchen mit mir teilen, das sie gegen Mittag gebracht bekommt. Sie erzählt:*

Man trifft in meinem Beruf als Schauspielerin drei Sorten Menschen. Erstens den Normalen, mit dem ist alles okay. Dann den Fan, der findet alles toll. Und schließlich den, der denkt, die blöde Kuh vom Fernsehen. Die soll ja nicht glauben, dass sie etwas Besseres ist. Diesen Typus treffe ich häufig beim Einkaufen. Und dem sage ich heute sehr liebenswürdig, »Ihre Kollegin war eben sehr nett zu mir. Sie sind das leider gar nicht.«

Bei sich sein, authentisch sein, kann niemand von Anfang an. Das entwickelt sich erst mit dem Alter. Bei mir war es so, dass ich in jungen Jahren Bilder von meinem Leben hatte. Lange habe ich versucht, diesen Vorstellungen nachzujagen, sie zu erfüllen. Die Bilder waren glatt. Schicksalsschläge kamen darin nicht vor. In jungen Jahren waren meine Vorstellungen an Äußerlichkeiten orientiert. Ich mochte manchen Menschen, weil er etwas Bestimmtes darstellte. Zu meinem Bild von mir gehörte unbedingt, dass ich verheiratet sein wollte. In meiner Zeit wurde man als alte Jungfer bezeichnet, wenn man mit 30 noch nicht verheiratet war. Das hatte ich durchaus verinnerlicht. Dadurch habe ich sicher leichtfertiger geheiratet, als ich das tun sollte.

Bei meinem ersten Mann war ich noch sehr mit der eigenen Entwicklung beschäftigt. Das Auseinanderdriften dieser ersten großen Liebe war ein prägender Einschnitt. Natürlich war ich in meinen ersten Mann sehr verliebt. Ich glaubte, das würde ewig so bleiben. In jungen Jahren war ich sehr abhängig von Gefühlen, von Zuneigung und Zuwendung. Nur, wenn ein Mann mir dreimal am Tag gesagt hat, dass er mich liebt und dass er mich wunderbar findet, war ich einigermaßen sicher. Ich habe alles getan, um diesen Zustand des Glücks möglichst zu halten. Dann stellte ich fest, Glück ist kein Dauerzustand. Wenn man jung ist, meint man, einen Anspruch auf Glück haben zu dürfen. Warum bin ich auf der Welt? Warum heirate ich? Um glücklich zu sein. Irgendwann begreift man, dass Glück nur in Momenten lebbar ist. Heute weiß ich, dass man permanentes Glück gar nicht aushalten könnte. Vergnügt, fröhlich, positiv und zufrieden zu sein, das ist schon sehr viel. In Einklang mit dem zu sein, was man lebt. Und wenn dann manchmal ein paar Zuckerstreusel Glück darüber kommen, dann ist das fantastisch.

Ich hatte immer den fundamentalen Wunsch nach Wahrheit in mir, war immer auf der Suche nach absoluter Wahrheit. Das bedeutet, dass man unglaublichen Schmerz zulässt. Beim Scheitern meiner Ehe konnte ich nicht sagen, das passiert anderen auch, es gibt noch andere Männer. Ich habe geweint und geweint und wusste nicht, wie ich weiter leben sollte. Gute Freunde haben mich dann nach Wochen zusammengeschissen und gesagt, andere Leute haben auch Liebeskummer. Diesen gewaltigen Schmerz, der einen schüttelt und beutelt, der einem die Luft nimmt, konnten selbst enge Freunde nicht verstehen.

Aber ein durchlebter Schmerz macht einen stärker. Ich glaube, wenn man ihn verdrängt, schlägt man sich bis zum Ende seiner Tage damit herum. Wenn ich heute traurig bin, wenn ich verletzt wurde, dann schreie ich das raus oder sage es. Ich habe gelernt, auch fremden Leuten zu sagen, das finde ich jetzt nicht in Ordnung. Was Sie da gesagt haben, verletzt mich. Das konnte ich nicht immer. Ich habe mich schwächer gesehen, als ich bin. Mich hat das Leben aufgefordert, so stark zu sein, wie ich tatsächlich bin.

Beim zweiten Mann habe ich gedacht, einmal geschieden bin ich schon. Jetzt muss ich alles richtig machen. Ich habe versucht zuzuhören, den anderen zu begreifen. Zu verstehen, warum er traurig ist, warum er sich nicht wohl fühlt. Ich habe mich so weit angepasst, dass ich dachte, was ich will, ist nicht so wichtig. Wir machen das so, wie er es will. Irgendwann habe ich mich selbst verloren.

Dann hat mich eine Begegnung wachgerüttelt. Beim Drehen für eine »Traumschiff«-Folge habe ich einen Fotografen kennen gelernt, dem habe ich meine sehr privaten Probleme erzählt. Irgendwann kam von ihm der Satz, was bist du dir eigentlich selbst wert? So etwas kannst du doch nicht ertragen wollen.

Dieser Satz war der Beginn meiner zweiten Scheidung. Was mich so erschüttert hatte, war eine Fehlgeburt. Mein zweiter Mann hat mich einfach an der Klinik abgesetzt, mich da allein reingehen lassen. Er schickte mir zwar einen Riesenblumenstrauß und holte mich nach drei Tagen wieder ab. Aber er konnte das alles nicht ertragen. Ich dagegen musste. Dafür hätte ich ihn töten können.

Heute sage ich, es musste mir wohl passieren. Es hat mir die Augen geöffnet.

Durch einige Menschen, denen ich begegnet bin, hat sich mein Leben verändert. Ein Gespräch, eine Einstellung, eine Lebenshaltung, die mich erschreckt oder bestätigt hat, die mir ein Licht hat aufgehen lassen. Es ist wichtig, Menschen zu treffen, die einen Teil dessen, was man ist, reflektieren oder bestätigen. Die im richtigen Moment den richtigen Satz sagen. Ich hatte das Glück einige außergewöhnliche, besondere Menschen zu treffen.

Auch die Begegnung mit Wolfgang Rademann, mit dem »Traumschiff«, war wichtig, weil ich dadurch in eine andere Art von Leben katapultiert wurde. Ich stellte fest, die Berühmtesten, sind oft die Nettesten. Und die, die als schwierig gelten. Wenn es heute heißt, die oder der ist schwierig, freue ich mich schon, weil ich denke, es wird bestimmt interessant. Man gilt ja nur deshalb als schwierig, weil man etwas vertritt und das auch durchsetzen kann.

Einen großen Bekanntenkreis habe ich nicht. Oberflächliche Bekanntschaften langweilen mich. In Bonn, in der Provinz, wo ich lebe, werde ich manchmal zu großen Festen eingeladen. Aber nur deshalb, weil ich beim Fernsehen bin.

Ich habe gern Menschen, mit denen ich wirklich reden kann. Wie Hilde Küster, die war Garderobiere am Theater in Bad Godesberg. Sie hat mir in einer Zeit, die für mich sehr schwer war, bedingungslos zugehört. Ich habe sicher immer wieder denselben Blödsinn erzählt. Und sie hat mir einfach zugehört und gesagt: »Irgendwann ist es vorbei«.

Das Älterwerden hat mich bescheidener gemacht. Leider nicht geduldiger. Ich empfinde es als unglaubliches Manko, dass ich immer noch unflätig wütend werden kann. Das Schlimme ist, dass ich eigentlich ein friedfertiger Mensch bin, der sich danach fürchterlich für seinen Ausbruch geniert. Leider kann ich nicht im richtigen Moment sagen, stopp, hinterher ärgerst du dich nur.

Ein sehr wichtiger Einschnitt in meinem Leben war der Tod meiner Mutter. Meine Eltern waren geschieden. Ich habe die beiden nur zusammen erlebt, wenn mein Vater uns abholte. Meine Mutter ist nach der Diagnose Gehirntumor innerhalb von vier Wochen gestorben. Ich war tagsüber immer bei ihr im Krankenhaus. Meine Mutter war überhaupt nicht verwirrt, sie hat nur viel geschlafen. Es war ein sehr schweres Sterben.

Der Tod meiner Mutter hat mich total verändert. Weil ich plötzlich in der ersten Reihe stand. Ich war lange Kind. Erst beim Tod meiner Mutter bin ich erwachsen geworden. Das war das letzte Ereignis in einer Kette. Vorher die Trennung von meinem zweiten Mann. Davor die Frage: Was bist du dir eigentlich selbst wert?

Meine Mutter war in meiner Jugendzeit oft weinerlich. Sie hat mit Tränen versucht, Dinge durchzusetzen. Doch als sie im Sterben lag, war sie bei all dem schrecklichen Leiden, das sie ertragen musste - sie hatte zum Schluss Streukrebs - sehr tapfer und humorvoll. Wenn die Freunde kamen, sich zu verabschieden, war sie die Frau, die ich als Kind erlebt hatte, bevor das Leben sie gebeutelt hatte. Fröhlich und stark.

Als eine gute Freundin von mir kam, sagte meine Mutter zu ihr, »pass ein bisschen auf sie auf, wenn ich nicht mehr da bin.« Mir schossen die Tränen in die Augen. Meine Mutter sagte, »hör auf mit der Heulerei.« Ich sagte, »Mutti, du hast doch auch immer geheult.« Und sie antwortete, »ja, aber jetzt nicht mehr. Das ist vorbei.« Sie hat im Sterben wieder zu sich selbst gefunden.

Mein Bruder ist den ganzen Tag hin- und hergefahren und hat alle möglichen Leute zum Abschiednehmen vorbeigebracht. Meine Mutter hat bewusst Abschied genommen, hat nicht einmal gestöhnt oder geklagt. Sie hat ihren Frieden damit gemacht, von uns zu gehen. Einmal sagte sie, »ich wäre so gerne noch etwas bei euch geblieben.« Da sagte ich ihr, »du musst dir vorstellen, dass du in Zukunft überall gleichzeitig sein kannst. Du musst nicht mehr fliegen oder Bahn fahren, du bist einfach überall und immer da.« Und da sagte sie, »du hast Recht, das wird so sein.«

Das war das erste Mal, dass ich jemanden sterben sah. Sie sah jung und friedlich aus. Richtig schön. Der ganze Schmerz in ihrem Gesicht war weg. Ich konnte sie sogar zum Abschied küssen. Das war auch eine wichtige Erfahrung für mich.

Durch meine Mutter habe ich den Tod hautnah miterlebt. Ich setze mich dennoch nicht gern mit dem Sterben auseinander. Meistens versuche ich, das Gefühl für meine eigene Vergänglichkeit zu verdrängen. Da fehlt mir sicher noch ein Schuss Weisheit. Diese Weisheit, Dinge als unabänderlich hinzunehmen, wie Seneca sagte. »Herr gib mir die Kraft, die Dinge zu ändern, die ich ändern kann, die Dinge zu ertragen, die ich nicht ändern kann und die Weisheit, das eine vom anderen zu unterscheiden.«

Ich denke, wir haben mehrere Leben als nur dieses eine. Ich glaube, dass wir in jedem Leben bestimmte Dinge lernen müssen. Und ich muss in diesem Leben sicher lernen, Abschied zu nehmen.

Wenn ich Theater spiele, sind mir die Proben lieber als die Aufführungen. Die Proben sind die Kür, die abendlichen Aufführungen die Pflicht. Diese zwei Stunden sind manchmal ein ziemlicher Kraftakt. In den letzten drei Tagen vor der Premiere kommt das Lampenfieber. Man hat Verantwortung dafür, dass es gut wird.

Die Stücke, die ich mir aussuche, die liebe ich richtig. Ich habe das Glück, immer Rollen zu bekommen, die ich mag. Meist habe ich prominente Partner. Ich habe noch nie vor halb leerem Haus spielen müssen.

Früher habe ich viele Dinge getan, weil der Regisseur sie verlangt hat. Auch, wenn mein Gefühl sagte, dass das eigentlich nicht richtig ist. Das mache ich heute nicht mehr, wenn der Regisseur mich anders haben will, als es für mich richtig ist. Früher habe ich mich dann verbogen. Heute sage ich, damit muss ich mich nicht mehr herumschlagen.

Mit meinem Leben bin ich rückblickend sehr zufrieden. Wäre ich als junge Frau nicht von so geringem Selbstbewusstsein gewesen, hätte sich für mich sicher mehr ergeben. Wenn ich heute Fotos angucke, dann denke ich oft, wovor hast du immer solche Angst gehabt? Ich dachte immer, alle anderen sind schöner und können alles besser als ich.

Bei manchen Erlebnissen frage ich mich, was will mir das Leben damit sagen? Beispielsweise als in meine neue Wohnung in Bonn, die ich mit soviel Liebe eingerichtet hatte, eingebrochen wurde. Da fragte ich mich, darf ich nicht schön wohnen? Für mich ist Wohnen so wichtig wie mein Kleid, meine Haut, es hat einen sehr hohen Stellenwert für mich. Ich habe meine Wohnung mit aller Sorgfalt eingerichtet und nach dem Einbruch war sie verwüstet. Der wenige Schmuck, den ich mir selbst gekauft habe, der Schmuck meiner Großmutter, alles geklaut.

Ich war zu der Zeit in Berlin und bin sofort hingefahren, habe die Verwüstung beseitigt, aufgeräumt, den Teppich gesäubert. Die rausgerissenen Schubladen wieder eingeräumt, den Dreck weggemacht. Da habe ich mich schon gefragt, was soll ich denn daraus lernen? Ich will mich ja in meiner Wohnung auch nicht einsperren. Ich will nicht bei jeder Tüte Milch, die ich hole, die Rollläden runterlassen. Die Vorstellung, dass ich jedes Mal, wenn ich das Haus verlasse, alles sichern muss, finde ich entsetzlich. Ich will nicht in einem Hochsicherheitstrakt leben. Ich will ein bisschen Vertrauen haben können. Mein erster Gedanke war, die Wohnung wird wieder verkauft. Aber ich werde jetzt eine Alarmanlage anbringen. Ich habe ringsherum Fenster. Auf eine große Terrasse gehen drei Türen. Dort habe ich Rosen gepflanzt.

Ich glaube, dass Dinge auf einen zukommen. Ich habe immer gesagt, ich möchte einmal ein Zuhause, wo mir die Blumen zum Fenster hinein wachsen. Das habe ich heute. Als ich meine Wohnung einrichtete, habe ich rechts und links auf der Terrasse Kletterrosen gepflanzt und habe alles für ihr Wachstum getan. Aber die eine mickerte vor sich hin und kam und kam nicht. Bis ich eines Tages sagte, »ich habe alles für dich getan. Man muss auch wollen. Und wenn du nicht willst, pflanze ich dich nach dem Urlaub dahinten in die dunkle Ecke.« Ich kam wieder, und zwei dicke dunkelrote Rosen begrüßten mich durchs Fenster.

Ich glaube auch an Bestellungen ans Universum. Die werden aber manchmal auf Umwegen ausgeführt. Man bestellt den grünen Nerzmantel und bekommt den gelben Webpelz, der dann genauso oder noch mehr wärmt. Bei den Wünschen, die man abgibt, sollte man sehr vorsichtig sein. Wenn die in Erfüllung gehen, stellt man auf einmal fest, dass man sich manches besser nicht gewünscht hätte.

Mit dem Älterwerden habe ich eigentlich keine Probleme, ich habe körperlich überhaupt keine Einschränkungen. Ich hoffe, dass das so bleibt. Ich will nicht schrumpelig werden. Die Spuren, die das Alter hinterlässt, die Falten können ein Gesicht schön und interessant machen. Sie können aber auch schrecklich aussehen. Da bete ich, dass bei mir ersteres der Fall ist.

Ich würde mich durchaus unters Messer legen. Wenn die Augenlider anfangen zu hängen oder sich Tränensäcke bilden. Ich glaube allerdings, dass der Umgang mit der Schönheitschirurgie gefährlich ist. Das Allerschlimmste für mich sind die in »Gala« und »Bunte« abgebildeten Gesichter, die so geklont aussehen.

Mann oder Frau sollten wissen, du wirst nicht wieder jung durch eine Schönheitsoperation. Du kannst frischer aussehen und in den Spiegel gucken können. Darum geht es. Es geht um die kleinen Dinge. Ein befreundeter Arzt sagte mir, ein gut gemachtes erstes Lifting sieht man nicht. Die entstellten Gesichter sind entweder schlecht gemacht oder schon zum dritten oder vierten Mal geliftet. Der Effekt muss so sein, dass die anderen sagen, du siehst aber gut aus, warst du verreist? Ich habe mit meinem Gesicht, mit meiner Haut viel Glück. Da hat der liebe Gott es gut mit mir gemeint.

Die Wechseljahre sind etwas für Frauen, die Zeit dafür haben. Ich hatte keine Zeit, mich damit übermäßig zu beschäftigen. Körperlich habe ich keine Probleme gehabt, hatte keine Hitzewellen. Meine Wutanfälle hatte ich schon immer, die haben nichts mit den Wechseljahren zu tun. Ich muss mir regelrecht klarmachen, dass ich schon so alt bin.

Körperlich fit und gut erhalten, so würde ich gern noch lange leben. Wenn ich dafür allerdings wieder so doof, so hilflos und ohne Selbstbewusstsein sein müsste wie mit 30, dann würde ich verzichten. Meine jetzige Lebensphase finde ich viel besser als die jungen Jahre, ich fühle mich wohler als jemals zuvor.

Beruflich wird es etwas schwieriger. Nächstes Jahr in Bonn werde ich eine Rolle spielen, für die ich eigentlich zehn Jahre zu alt bin. Im Moment spiele ich zum ersten Mal die Mutter einer erwachsenen Tochter und das finde ich angemessen.

Manchmal erlebt man Kolleginnen, die im gleichen Alter sind und glauben, sie seien immer noch unwiderstehlich. Das tut mir ein bisschen weh. Man muss wohl den Tatsachen ins Auge blicken. Die erotische Anziehungskraft auf Männer ist nicht mehr so, wenn man älter ist.

Ich war allerdings nie eine unwiderstehliche Frau, vielleicht kann ich deshalb gut damit umgehen. Mit 50 habe ich noch eine Liebe mit einem sehr viel jüngeren Mann erleben dürfen. Er war 20 Jahre jünger. Ich wusste, das kann keine lange Verbindung werden. Das war ein Geschenk, das ich bekommen habe. Es war eine gute Zeit, eine schöne und lustige Zeit. Wenn damals alle sagten, du fühlst dich doch sicher ganz jung, musste ich sagen, das Gegenteil ist der Fall. Damals habe ich zum ersten Mal mein Alter zur Kenntnis genommen.

Mein Freund war nach meinem Vater der bestangezogene Mann, den ich je kannte. Als er mich einmal in Jeans und Lederjacke vom Flughafen abholte, sah er in dem lässigen Zeug so jung aus wie er war. Da habe ich gesagt, zieh dich bitte sofort um. So gehe ich nirgends mit dir hin. Wenn mich im Restaurant jemand fragt, was möchte Ihre Frau Mutter denn essen, steh ich auf und geh nach Hause.

Ich möchte nie aufhören zu arbeiten. Das wäre mein innigster Wunsch. Ich muss nicht mehr unbedingt drei Stücke im Jahr spielen, das ganze Jahr auf der Bühne stehen. Vielleicht hält das Fernsehen auch mal etwas anderes für mich bereit als das »Traumschiff«. Möglicherweise eine italienische Oma. Es ist aber nicht schlimm, wenn es nicht passiert.

Ich wünsche mir, dass ich in der Größenordnung, in der ich lebe, finanziell weiterleben kann. Wenn ich einen heimlichen Traum erfüllen könnte, würde ich gerne irgendwann eine eigene Hütte am Meer haben. Ich möchte das Meer sehen oder hören. Die Seeluft riechen. Am liebsten in Italien. Ein Haus in Südfrankreich wäre auch schön, aber ich glaube, Italien liegt mir mehr.

Von meinem Kinderwunsch habe ich mich nach drei Fehlgeburten verabschieden müssen. Es sollte nicht sein. Die Erkenntnis, es ist vorbei, und jetzt wird es auch nicht mehr passieren, war sehr schmerzlich.

Ich wünsche mir Energie und Ruhe, um mehr zu schreiben, vielleicht sogar ein Theaterstück. Das scheint mir sehr viel schwieriger als Drehbücher. Man hat meistens nur ein Bühnenbild und die Menschen können sich nicht nach außen bewegen. Es gibt eine Menge Exposés, aber der richtige Plot, der neue Figuren auf die Bühne stellt, scheint mir noch nicht dabei zu sein. Wer weiß, was da noch kommt.

Ich schreibe übrigens auf einer alten klapprigen Schreibmaschine. Aber vielleicht erklärt mir noch mal jemand das Schreiben am PC. Dann könnte ich wenigstens die zweite Fassung so eingeben, dass weitere Korrekturen problemlos möglich sind.

## Die Schönheit des Alters

*Ich werde vielleicht in meiner Todesstunde zittern, aber vor meiner Todesstunde werde ich nie zittern.*

GOTTHOLD EPHRAIM LESSING

### Ursula Lebert, geboren 1931 in Stuttgart: »Ich mag die Freiheit, die das Alter gibt«

*Der Name der Journalistin Ursula Lebert begleitete mein eigenes Berufsleben. Stets fesselten mich ihre Geschichten, ihre Art zu schreiben und ihre Sicht des Lebens. Vor allem ihre Beiträge in der Zeitschrift »Brigitte« habe ich immer wahrgenommen. Ich habe sie jedoch nie persönlich kennen gelernt. Umso erfreuter war ich, als sie mir ihre Zusage für ein Interview gab. Die freie Autorin, die auch bei Tageszeitungen wie der »Süddeutschen« oder dem »Merkur« gearbeitet hat, lebt heute in der Nähe von München. Wir trafen uns in der »Villa Verde«, einem Italiener in der Nähe ihrer Wohnung. Fröhlich kam sie in ihrem VW-Golf angefahren. Obwohl von Krankheit gezeichnet, war sie guter Dinge. »Sie sind mein Gast«, bestimmte sie. Und als ich protestierte, sagte sie: »Ich möchte es so.« Bei unserem Gespräch haben wir viel gelacht. Sie hat so lebhaft erzählt, dabei so voller Tiefe, dass ich ganz dankbar war, sie persönlich kennen gelernt zu haben. Was ich deutlich gespürt habe: Sie stand trotz großer Beschwernisse dem Leben positiv gegenüber, war voller Wohlwollen und Güte. Konnte auch den schweren Stunden ihres Lebens das Gute abgewinnen. Dabei hatte sie einen herrlichen Humor. Nach unserem Gespräch brachte sie mich zur S-Bahn und winkte mir hinterher, bis sie nicht mehr zu sehen war. Sie erzählt:*

Ich bin gerne älter. Ich habe damit nie die geringsten Schwierigkeiten gehabt. Ich mag die Art der Freiheit sehr, die dir das Alter gibt. Ich muss mich zum Beispiel nicht mehr von oben bis unten stylen. Ich muss nicht mehr die Schönste sein, muss nicht mehr konkurrieren. Früher hatte ich Schwierigkeiten, wenn ich unterwegs war und ohne Begleitung in ein Lokal ging. Da saß ich oft allein am Tisch und außer mir nur Männer. Das war mir sehr unangenehm. Heute ist mir das völlig egal. Ich bin niemandem Rechenschaft schuldig. Ich bin sehr gern allein. Ich kann auch sehr gut mit mir allein sein. Ich lese, ich habe einen Hund. Ich schreibe für die »Brigitte«. Ich habe immer etwas zu tun.

Ich habe auch nicht mehr so viel Verantwortung. Ich mache mir keine Sorgen mehr. Es ist niemand da, der etwas von mir erwartet.

Nur einmal hatte ich ein Problem. Ich hätte nie geglaubt, dass die Menopause mir zu schaffen macht. Ich hatte angenommen, dass ich froh bin, wenn es vorbei ist. Wir waren ja an die Menstruation noch ganz anders gebunden als die Frauen, für die die Antibabypille selbstverständlich ist. Bei uns gab es die Pille noch nicht. Das war ein reines Dominospiel. Alle vier Wochen hat man gezittert. Und deshalb hatte ich angenommen, ich sei froh, wenn es vorbei ist. Körperlich hatte ich auch keine Beschwerden. Die Menopause kam von heute auf morgen. Einmal noch die Tage und dann war Schluss. Womit ich nicht gerechnet hatte, war der Abschied. Dass der schmerzt. Das Bewusstsein, eine Lebensphase ist für immer vorbei. Ich habe mit niemandem darüber gesprochen. Erst musste ich mit mir ins Reine kommen. Als es dann so war, dachte ich mit Trauer, ein Lebensabschnitt ist endgültig und unwiderruflich vorüber. Und das tat weh.

Mit 66 Jahren hatte ich eine Herztransplantation. Ich litt unter einer Kardiomyopathie (Herzmuskelerkrankung mit Verdickung des

Muskels). Diese Herztransplantation war ein Abenteuer sondergleichen. Es war eine Erfahrung damit, was Leben ist.

Während der Operation bist du ja einen Moment ganz ohne Herz. Nach der Operation wird das Blut durch das neue Herz zurückgeleitet in den Körper. In den allermeisten Fällen springt das neue Herz sofort an. Das ist der Moment, wo alle Chirurgen weinen über dieses Wunder des Lebens. Das muss ein überwältigender Moment sein. Das Prinzip Leben kümmert sich nicht um dich. Es funktioniert ohne dein Zutun, und man bekommt nach solch einem Erlebnis ein großes Zutrauen ins Leben. Man bekommt gleichzeitig ein Gefühl für den Tod. Weil man ja schon an der Schwelle steht. Man ist einen Moment weg, wenn man ohne Herz ist, wird künstlich am Leben erhalten, und dann ist man wieder da.

Der Körper muss sich an das neue Herz gewöhnen. Man bekommt Medikamente, die das Immunsystem unterdrücken, damit der Körper das fremde Herz nicht abstößt. Von der ersten Sekunde an weiß der Körper nämlich, dass das nicht sein Herz ist. Er bemüht sich von der ersten Sekunde an, es abzustoßen. Deshalb ist der Anfang mit einem neuen Herzen eine sehr gefährliche Zeit. Das erste halbe Jahr war sehr schwer. Bis man Zutrauen bekommen hat, dass alles funktioniert. Aus der behüteten Klinik kommt man in die behütete Reha. Und erst dann wird man allein nach Hause entlassen. Alle 14 Tage muss man sein Blut einschicken.

Ich war von großer Dankbarkeit erfüllt, als ich das neue Herz hatte. Weil ich keine Luft mehr bekommen hatte. Das war eine qualvolle Zeit. Natürlich habe ich nachgefragt, von wem das Herz ist. Ich wollte wissen, wem ich dafür dankbar sein muss. Die Auskunft lautete, es ist von einer jungen Frau. Das musste mir genügen. Mehr wird einem nicht gesagt. Ich nehme an, diese junge Frau hatte einen Unfall. Ich habe natürlich eine Beziehung zu ihr entwickelt. Über ihr Herz. An jedem 16. Mai denke ich, dieser Tag war meine Rettung und ihr Todestag.

Manchmal sehe ich sie vor mir, jung, mit wehenden blonden Haaren, und sie sitzt auf einem Motorrad. Das ist das Bild, das ich von ihr habe. Es ist mir beim ersten Herzkatheder nach der Transplantation gekommen. Eigentlich mag ich bei dieser Prozedur nicht hingucken. Doch der Professor, der das gemacht hat, sagte, schauen sie sich das Herzchen ruhig an. Ich habe dann hingesehen, und da war es ein junges frisches quietschvergnügtes Herz. Man sah, dass es einer jungen Person gehörte.

Man erweitert seine Gefühlsräume, seine Lebensräume durch die Erfahrung, dass man Leben von jemand anderem übertragen bekommen hat. Und das trifft dann bei mir zusammen mit dem Alter. Man wird mutiger. Ich frage mich auch, was ist, wenn ich nicht mehr arbeiten kann? Dann wieder denke ich, wir werden schon sehen. Angst vor dem Sterben habe ich sowieso nicht.

Das Leben bekommt im Alter eine andere Dimension. Man muss alles akzeptieren. Das ist nicht immer einfach. Ich muss beispielsweise akzeptieren, dass ich jeden zweiten Tag zur Dialyse muss. Dann liege ich da morgens vier Stunden. Und wenn ich das immer unter Protest tun würde, würde ich mir selbst meine Lebensqualität nehmen. Ich versuche, es positiv zu sehen. Mein Vater ist vor 40 Jahren an Urämie gestorben, da gab es noch keine Dialyse.

Ich fahre morgens um halb sieben in die Klinik. Dort herrscht eine angenehme Atmosphäre. Sie ist modern und gemütlich eingerichtet. Man bekommt Frühstück ans Bett gebracht. Mir hat noch nie einer Frühstück ans Bett gebracht. Und dann kann man schlafen oder fernsehen.

Manchmal kommt der Gedanke: für immer. Denn es gibt ja keine Aussicht auf Fortschritt oder Besserung. Mein Professor würde mir gerne eine neue Niere verpflanzen, doch das macht man in meinem Alter nicht mehr. Nicht, weil ich es nicht vertragen würde. Es gibt zu wenig Nieren. Und so wahnsinnig viele junge Leute, die auf eine Niere warten.

Man arbeitet ja daran, in Zukunft auch Schweinenieren zu transplantieren. So ein süßes Schwein würde ich akzeptieren. Das würde dann auf meine Gene umgestellt. Mein Professor sagt, eigentlich ist das kein Problem. Aber es ist doch ein Problem, weil es viele Infektionen gibt, die nur das Schwein bekommt. Es wird wohl noch zehn Jahre dauern, bis das alles so weit ist. Der Bedarf ist so riesig, es stirbt immer noch jeder Dritte, der auf ein Herz wartet, bevor ihm eins zur Verfügung gestellt werden kann.

Ich bin insgesamt für mein Leben und für die Menschen, die mir in meinem Leben begegnet sind, sehr dankbar. Ich habe das Gefühl, dass das Leben mir im richtigen Moment die richtigen Menschen geschickt hat. Ich schaue gerne zurück. Mein Leben war nicht frei von Schmerzen, aber ich hatte das Glück, mit meinem Mann sehr gut zusammenzuleben. Ich hatte das Glück, mich mit meinen zwei Söhnen gut zu verstehen. Und ich finde, so, wie mein Leben verlaufen ist, ist es gut verlaufen. Es gibt nichts, was ich anders hätte haben wollen.

Ich liebe es, mich zu erinnern. Ich weiß noch, ich war 30, und es war einmal ein wunderschöner Sommerabend. Herrlich. Ich hatte wahnsinnig nette Eltern. Wir sind auf der Terrasse gesessen und haben gegessen. Und ich habe gedacht, dieses Bild, das merkst du dir. Ich dachte, wenn ich einmal alt bin, kann ich wie in einem Film meine Erinnerungen ablaufen lassen.

Wenn ich heute meine erste Liebesgeschichte anknipse, denke ich, wie wahnsinnig naiv ich doch gewesen bin. Wenn es um Sex gegangen ist, oh Gott. Und das ist schön. Es gibt ja Leute, die mögen sich nicht erinnern. Ich bin eine Erinnerungsfetischistin. Ich kann mich an wahnsinnige Einzelheiten erinnern. Und ich tue es oft und gerne.

Ich bin auch ein Mensch, der nie aufgegeben hat. Ich war immer sehr beharrlich. Wenn ich etwas geschrieben habe, und es wurde fünfmal abgelehnt, dann hat es beim sechsten Mal doch geklappt. Man darf sich natürlich nicht auf seinen Lorbeeren ausruhen. Ich hätte niemals dagesessen und nur gewartet, bis jemand mich entdeckt. Das ist eine Haltung, für die ich viel zu ungeduldig bin. Ich habe nie geplant, ich hätte gar nicht gewusst, was. Man muss immer offen bleiben. Es ergibt sich ständig etwas.

Ich habe einen jungen Bekannten, der hat zwei Kurzgeschichten geschrieben. Die hat weder die »Quick« genommen noch die »Neue Revue«. Da wollte er aufgeben. Ich habe gesagt, ja spinnst du? Zwei Mal abgelehnt und du hörst auf? Mach weiter! Man muss auch Enttäuschungen verkraften können. Jeder muss seinen Weg erst finden.

Mein älterer Sohn hat nach dem Abitur erst Physik studiert. Ich dachte, klasse, in einem Journalistenhaushalt endlich einer, der etwas Reelles macht. Nach sechs Semestern hat er aufgegeben und hat uns einen Brief geschrieben, in dem er uns das mitgeteilt hat. Danach ist er Taxi gefahren, war Arzneimittelvertreter, hat alles Mögliche gemacht und ist schließlich doch auf den Journalismus gekommen. Unverdrossen hat er geschrieben und geschrieben. Er hat nicht die Hände in den Schoß gelegt und nur gewartet. Und nun ist er Chefredakteur.

Ich habe im Leben auch viel Verlust einstecken müssen. Die Begegnung mit dem Tod war für mich von klein auf sehr nah. Mein Bruder ist im Juni 1945 mit elf Jahren vor unserem Haus von einer Granate zerrissen worden. Damals war der Tod nichts, was man unter Blumen begraben hat. Es war schrecklich, er blieb da liegen. Es gab keine Polizei, kein Deutsches Rotes Kreuz. Niemand hat das Blut von der Straße gewaschen. Ein paar Totengräber hat es gegeben. Meinen Bruder haben wir selber ins Krankenhaus getragen, selber beerdigt. Dass man am Grab steht und alles ist arrangiert, auch das hat es nicht gegeben. Man wurde mit dem Tod selber konfrontiert. Mein Vater kam mit den blutigen Kleidern aus dem Krankenhaus, und meine Mutter hat sie eine Woche lang immer wieder gewaschen. Da war nichts wie heute kaschiert und ästhetisiert. Er war brutal, der Tod.

Einige Jahre darauf sind meine Eltern nacheinander gestorben, und ich habe beide bis zum Tod begleitet. Da war ich 30 Jahre alt. Dann ist mir nach der Geburt ein Kind gestorben. Das hatte durch die Geburt ein Blutgerinnsel im Gehirn. Mein Mann ist lange krank gewesen und gestorben. Wenn man so viel mit Tod konfrontiert wird, das stärkt einen, wenn man an den eigenen Tod denkt. Man wird sehr viel ruhiger, weil man sagt, die haben es auch überstanden. Man sagt ja, in der Todesstunde ruf ich dich. Und dann werde ich einen, der mir vorausgegangen ist, treffen. Jemand wird da sein, der mir eine Hand reicht. Das ist natürlich Kitsch, aber es ist so tröstlich. Ich glaube, die schlimmste Ursache für die Todesangst ist, dass man nicht begreifen will, dass man stirbt. Es gibt ja so viele Menschen, die geraten in Panik. Ich nicht. Das hoffe ich zumindest. Ich kann jedenfalls in Ruhe daran denken. Das ist auch ein Vorteil des Alters, dass man mit 73 Jahren denkt, egal welche Diagnose gestellt wird, sterben muss ich ja demnächst sowieso.

Wenn man sagen kann, man war zufrieden mit seinem Leben, dann kann man sich besser mit der Tatsache, dass man stirbt, aussöhnen. Wenn man weiß, man hat viel geschafft, gepackt, bewältigt, dann kann man besser sterben. Ich möchte eigentlich schon wissen, wie es ist, zu sterben.

Die letzten Wochen mit meinem Mann möchte ich beispielsweise nicht vermissen. Er hatte Darm- und Lungenkrebs. Man sagte uns, dass man nichts mehr machen kann. Er hatte noch eineinhalb Jahre, und die waren sehr schön. Wir sind noch einmal in einer Weise zueinander geführt worden, die unvorstellbar war. Die Kinder waren ja schon aus dem Haus. Sie waren 32 und 38 Jahre alt. In der Zeit kamen sie aber regelmäßig nach Hause. Richtig schlecht gegangen ist es meinem Mann nur in den letzten Wochen. Schmerzen hat er keine gehabt. Er war schwach, bekam keine Luft mehr. Wir hatten riesige Sauerstoffbomben in der Küche stehen. Ich habe gelernt, wie man die bedient. Er ist in einer Samstagnacht gestorben. Wir hatten schon gedacht, dass er die nächste Woche noch übersteht.

Es gibt nichts, was wir mit meinem Mann nicht noch besprochen hätten. Es war eine gute Zeit. Weil alles zu Ende gedacht worden ist. Wir konnten sagen, es ist vollbracht. Es war nichts Abgebrochenes, wo man hätte sagen müssen, wir haben alles Mögliche versäumt und nicht mehr ausgesprochen. Wir haben ihm zu verstehen gegeben, dass wir ihn sehr lieben und dass alles gut so ist. Wenn man dem nicht ausweicht, sich stellt, kann man wirklich seinen Frieden mit dem Tod machen.

Ich weiß noch, dass ich glücklich war, als er dann gestorben ist. Er hat uns so wahnsinnig Leid getan. Es war eine Erlösung. Ihm ist viel erspart geblieben. Als er gestorben ist, war mein jüngerer Sohn bei ihm, und ich war mit dem älteren unterwegs. Mein Mann ist friedlich gestorben und das war schön.

Alles das hat man erlebt, und da gehe ich doch jetzt nicht her und lass mir die Falten wegmachen. Das sind all die Erlebnisse, die sich im Gesicht eingegraben haben. Ich bin natürlich keine Schauspielerin, aber ich glaube, dass auch die Schauspielerinnen, die sich Falten wegoperieren lassen, im Irrtum sind. Junge gibt es doch genug. Nicht genug gibt es sehr gute Alte.

Ich bin froh, dass ich harte Zeiten erlebt habe. Ich habe ja noch im Luftschutzkeller gesessen. Ich kann mich genau an den Kriegsausbruch erinnern, und wenn dann die vielen Todesanzeigen kamen. Ich sage trotzdem, Gott sei Dank habe ich das erlebt. Dadurch ist ein Verhältnis zum späteren Gutgehen entstanden.

Ich habe mein Leben neugierig, aber auch mit viel Akzeptanz verbracht. Es war schön, wenn man gehungert hat und dann mal etwas zu essen gehabt hat. Ab und zu hat es ein wunderbares Mahl gegeben. Neulich stand ich an der Wursttheke, und da stand eine junge Frau, die sagte, was machen wir denn heute Abend? Da dachte ich, wenn mir jemand diese Wursttheke gezeigt hätte, als ich 15 Jahre alt war, wäre ich in Ohnmacht gefallen. Und heute ist das so selbstverständlich.

Ich möchte die schlechten Zeiten nicht missen. Ich bin mit elf Jahren schon in die Pflicht genommen worden, hatte mich um bestimmte Dinge zu kümmern. Da hat keiner gesagt, die ist doch erst elf. Das ging zu der Zeit gar nicht.

Ich hatte einen Schulweg von einer halben Stunde, den musste ich bei Regen und Schnee zu Fuß gehen. Wenn man das heute von Kindern verlangt, empfinden sie das als Zumutung. Eine halbe Stunde zu Fuß laufen? Geht gar nicht. Als ich jung war, ist uns einfach nichts erspart geblieben.

Die Frauenbewegung habe ich nur bedingt mitgemacht. Ich hatte meine Schwierigkeiten damit und habe bis heute Schwierigkeiten mit Männern, die im Haushalt aufgehen und ihr Kind versorgen. Mann und Frau sollen es gemeinsam machen, sich gegenseitig helfen. Aber ich finde, dass einer von den beiden der Stärkere sein muss und zwar der Mann.

Disziplin und Verantwortung musste ich allerdings hart lernen. Wenn man Kinder hat, das ist kein Spiel. Mit Kindern ist es wie mit meiner Dialyse. Der Satz: für immer, der gilt.

Unseren Kindern wollten wir Vertrauen in die Zukunft mitgeben, Freude, Stolz und eine gewisse Tapferkeit, dass man den Dingen nicht ausweichen kann. Ich bin übrigens nicht der Ansicht, dass ich mehr weiß als meine Kinder. Ich habe viel von ihnen gelernt. Manchmal denke ich, wenn ich keine Kinder gehabt hätte, dann wäre ich ein anderer Mensch geworden.

50-Jährige, die Kinder haben, und 50-Jährige, die keine Kinder haben sind völlig unterschiedliche Menschen. Die, die Kinder gehabt haben, denen ist von ihren Kindern so viel angetan worden, im Sinne von Angriff auf ihre Selbstherrlichkeit. Allein der Satz: Wieso kannst du uns das befehlen? Oder: Wer bist du, dass du glaubst, du bist Herr über alles? Kinder korrigieren dich schon stark. Und ich finde, das tun sie manchmal auf eine sehr schmerzliche Weise. Sie greifen einen sehr hart an, und das muss man durchstehen.

Ich kann mich an ein Mittagessen erinnern, da musste ich doch tatsächlich diskutieren, ob auf dem Gymnasium ein Onanierzimmer eingerichtet werden soll oder nicht. Und ich dachte, ich würde mich jetzt viel lieber aufs Sofa knallen und etwas lesen. Die Jungen griffen mich an: Findest du Onanieren schädlich? Nein! Also dann! Man musste manchmal diskutieren, bis der Mund fransig war, aber man hat es gemacht.

Wenn die eigenen Kinder dann auch Kinder kriegen, gibt es schöne Stunden. Eine kleine Episode fällt mir ein, die hat mir mindestens fünf Jahre Ärger von der Seele gewaschen. Meine kleine Enkelin saß da und fragte, Mama, hängen meine Jeans im Keller? Die Mutter sagte ja. Mein Sohn meinte, aber die sind noch nass, die kannst du nicht anziehen. Da habe ich gefragt: Wieso kann sie die nicht anziehen? Mein Sohn meinte, weil sie sich die Blase erkältet. Ich sagte, das ist ja ganz neu. Lisa holte die Hose und ich sagte, die ist doch nur feucht, die kann sie doch tadellos anziehen. Mein Sohn war empört und ich sagte, zehn Jahre hab ich mit dir jeden zweiten Tag diesen Ärger gehabt. Und dann hast du die feuchten Hosen immer gegen meinen Willen angezogen. Ich war ohnmächtig vor Zorn. Aber du hast nicht einmal eine Blasenentzündung bekommen. Also, Lisa, zieh die feuchte Hose an. Den Blick meines Sohnes werde ich nicht vergessen.

Wenn ich meinen jetzigen Lebensabschnitt betrachte, sage ich, es ist meine sorgloseste Zeit. Nicht die leichteste, aber die sorgloseste. Ich mache mir um ganz viele Dinge einfach keine Gedanken mehr. Gegenstand der Sorge könnte ja sein, dass ich alt bin und meine Kräfte schwinden. Ich mache mir deswegen keine Sorgen. Ich bin ja auch nicht unbeträchtlich krank. Aber ich nehme es, wie es ist. Ich finde das Zitat von Rilke sehr zutreffend: »Wer spricht von Siegen? Überstehen ist alles!« Wenn eines meiner Kinder in irgendwelche Bredouille kommen würde, dann könnte sich die Sorglosigkeit noch einmal ändern.

Es ändert sich ja alles. Alles fließt. Du kannst nichts festhalten. Keine schöne Zeit. Aber auch keine schlimme Zeit. Du kannst anstellen, was du willst, du musst zusehen, wie alles sich ständig verändert. Das ist auch etwas, das ich im Laufe meines Lebens angenommen habe. Das Leben ist wie eine enorme Soap-Opera. Wenn man so sitzt und alles beobachtet, das ist furchtbar lustig. Die Welt ist so voller Geschichten.

Ich nehme jeden Tag, wie er kommt, freue mich darüber und mache mir keine Sorgen mehr.

## Danke

Meiner Freundin Eva danke ich für ihre Frauenpower, meinem Liebsten Klaus für gute Einfälle und tatkräftige Unterstützung.

## Renate Daimler

### *Lust auf 50*

*Frauen am Wendepunkt.*
*271 Seiten. Serie Piper*

Lust auf 50 oder Frust mit 50? In ihrem Buch schildert Renate Daimler ihre Erfahrungen und die vieler anderer Frauen mit dem Älterwerden. Sie erzählt von witzigen und traurigen Begebenheiten und beschreibt verschiedene Etappen von der Verleugnung des Älterwerdens bis zur Lust auf 50. Denn genau dann werden Frauen von der Gesellschaft zum Auslaufmodell erklärt, weil sie den wichtigsten Kriterien des Frauenideals nicht mehr entsprechen: jung, fruchtbar und schön. Renate Daimlers Fazit: Die Wechseljahre sind keine Krankheit! Sie schildert Frauen, die zu ihren Schwächen und Widersprüchen stehen und lernen, die neu gewonnene innere Ruhe, die Neugier auf den Rest des Lebens, die Lust an der eigenen Kreativität zu genießen. Ein Buch, das Mut macht.

05/1198/01/L

## Sybil Gräfin Schönfeldt

### *Die Jahre, die uns bleiben*

*Gedanken einer Alten über das Alter. 260 Seiten. Serie Piper*

Ist man alt, so wird einem klar, wie wenig man sich in seiner Jugend vorstellen konnte, was das Alter ist. Ein Ausgangspunkt ist ihre eigene Erfahrung mit dem Alter: Man wird dem Körper untertan, das Zeitgefühl ändert sich, die ersten Freunde sterben, man trauert über Unwiederbringliches, man ist glücklich über die Kinder und Enkel.

Ein zweiter Ausgangspunkt ist der Ärger darüber, wie die Jungen über die Alten reden, daß sie so tun, als könnten Alte mit ein bißchen Kosmetik, Gymnastik und Diät wie Junge funktionieren.

Über Politiker und Abzocker, die die Alten als Material für die eigene Karriere betrachten, und über die Werbung mit ihrem Kult um die jungen Alten.

Über ihre Erfahrung und den Ärger ist die Autorin auf viele passende Geschichten aus der Weltliteratur gestoßen, die sie hier zitiert und in die sie ihre Gedanken über das Alter anschließt.

05/1199/01/R

SERIE PIPER

## Douwe Draaisma

### *Warum das Leben schneller vergeht, wenn man älter wird*

*Von den Rätseln unserer Erinnerung. Aus dem Niederländischen von Verena Kiefer. 336 Seiten. Serie Piper.*

Warum verschwinden in der Erinnerung manche Tage, während wir auch in vielen Jahren noch sagen können, was wir am 11. September getan haben? Wie funktioniert das Gedächtnis? Und warum vergeht das Leben schneller, wenn man älter wird? In seinem Meisterwerk über das Erinnern und Vergessen liefert Douwe Draaisma die Antwort auf diese und viele andere Fragen – ein Buch, so überraschend und vielschichtig wie das menschliche Gedächtnis selbst.

»Von einem Wissenschaftler mit so viel Sinn für die Poesie und für die Unergründlichkeiten des Lebens läßt man sich gern die Rätsel der Erinnerung erklären.«
Badische Zeitung

05/1992/01/L

## Angelika U. Reutter, Anne Rüffer

### *Frauen leben für den Frieden*

*Die Friedensnobelpreisträgerinnen von Bertha von Suttner bis Schirin Ebadi. 356 Seiten mit 15 Abbildungen. Serie Piper*

Die österreichische Pazifistin Bertha von Suttner erhielt 1905 den Friedensnobelpreis: als erste Frau. Seit der Stiftung des Preises durch Alfred Nobel im Jahr 1896 wurde dieser angesehene Preis nur zehnmal an Frauen verliehen, darunter Mutter Teresa, der »Engel der Armen«, Jody Williams, die sich für ein Landminenverbot einsetzte, und zuletzt die Iranerin Schirin Ebadi. Mit ihrem bewundernswerten Engagement für friedliche Konfliktlösungen und Menschenrechte haben sie gezeigt, daß Gegengewalt bei Kriegen nicht die einzige Lösung ist. Angelika U. Reutter und Anne Rüffer zeichnen in diesem Band das Leben dieser eindrucksvollen Frauen nach, die sich auf ihre ganz persönliche Weise gegen Gewalt stark gemacht haben.

05/1780/01/R

**Rita Levi-Montalcini**

## *Die Vorzüge des Alters*

*Das Alter als Chance.*
*Aus dem Italienischen von Christel Till-Galliani. 174 Seiten mit 12 Abbildungen. Serie Piper*

Als sie schon weit über siebzig Jahre alt war, wurde sie für ihre neurologischen Forschungen mit dem Medizin-Nobelpreis ausgezeichnet. Mit neunundachtzig Jahren hat sie ein Buch geschrieben, das sich mit dem Alter und seinen Chancen auseinandersetzt. Sie erklärt, wie unser Gehirn auch im hohen Alter noch bestens funktionieren kann. Das Gehirn gleicht den natürlichen Verlust der Zellen durch bessere Nutzung der verbliebenen Zellen aus: Wenn wir im Alter intensiv leben, unseren Kopf trainieren und das tun, was uns Spaß macht, entstehen im Gehirn mehr Verästelungen und alternative Schaltkreise. Rita Levi Montalcini erzählt außerdem von berühmten Menschen, die diese These stützen, weil sie bis ins hohe Alter aktiv waren: Michelangelo, Galileo Galilei, David Ben Gurion, Bertrand Russell und Pablo Picasso.

05/1202/03/L

**Bert Ehgartner**

## *Die Lebensformel*

*Sieben Voraussetzungen für ein glückliches lange Leben.*
*336 Seiten. Serie Piper*

Warum gelingt es einigen Menschen, ein glückliches langes Leben zu führen, während andere chronisch krank werden oder früh sterben? Auf der Suche nach Antworten auf diese Fragen durchforstete Bert Ehgartner alle beweiskräftigen Langzeitstudien der Medizin und fand heraus, dass die Entscheidung in der Lebensmitte fällt. Menschen, die bis ins hohe Alter ein aktives Leben führen, erfüllen bereits Jahrzehnte davor sieben wichtige Voraussetzungen. Mit dem eigens für dieses Buch entwickelten großen Lebensformel-Test können Sie schon heute ermitteln, wo Ihre persönlichen Risiken und Stärken liegen. In einem einfach zu realisierenden Sieben-Punkte-Programm hilft Ihnen das Buch, den optimierten Lebensstil zu finden, der Sie zu einem genussvollen glücklichen Leben führt.

05/1991/01/R

SERIE PIPER

## Lothar J. Seiwert

### *Balance Your Life*

*Die Kunst, sich selbst zu führen.
Mit Cartoons von
Werner Tiki Küstenmacher.
244 Seiten. Serie Piper*

Deutschlands führender Zeitmanagement-Experte zeigt Ihnen, wie Sie Ihr Leben in Balance halten können. Wer möglichst viel in möglichst kurzer Zeit bewältigen möchte, gerät rasch in eine Falle. In einer Zeit, in der wir den widersprüchlichsten Anforderungen gerecht werden müssen, gilt es, zum Manager des eigenen Selbst zu werden und sinnvoll zwischen den verschiedenen Dimensionen des Lebens zu balancieren. Lothar J. Seiwert entwickelte das überzeugende Konzept der Kunst, sich selbst zu führen: Life-Leadership.

05/1924/01/L

## Jürgen Lürssen

### *Die heimlichen Spielregeln der Karriere*

*Wie Sie die ungeschriebenen
Gesetze am Arbeitsplatz für Ihren
Erfolg nutzen. 224 Seiten.
Serie Piper*

Erfolg und Karriere resultieren nur zu 10 Prozent aus fachlicher Kompetenz – zu 90 Prozent werden sie von anderen Faktoren bestimmt. Dieser erfolgreiche Ratgeber zeigt, über welche Fähigkeiten und Kenntnisse man verfügen sollte, um die heimlichen Spielregeln im Betrieb zu durchschauen und Einfluß zu gewinnen. Vom kleinen Einmaleins der Büropolitik über das Verhältnis zu Chef und Kollegen, den Umgang mit Informationen bis hin zur Kunst, andere zu überzeugen und Macht zu gewinnen – diese zentralen Punkte für die Karriereleiter erläutert Jürgen Lürssen umfassend, anschaulich und amüsant.

05/1218/01/R

## Gabi Keriman

### *Zaubern für Businessfrauen*

*Wie der Erfolg zu Ihnen kommt.*
*191 Seiten. Serie Piper*

Sie wollen dem Hamsterrad von Stress und Siegerdenken entkommen und mit Kopf und Bauch arbeiten? Dann lernen Sie zu zaubern! Die Kommunikationstrainerin Gabi Keriman zeigt, wie Sie Ihr inneres Potenzial, Ihr individuelles Erfolgsprogramm entdecken und eine neue Welt in die Realität umsetzen können. Für Frauen (und Männer) im Business, die nicht nur höher und weiter, sondern vor allem zu sich selbst kommen wollen.

»Ein Business-Berater der etwas anderen Art. Keine Frage, dass von der Lektüre auch Männer profitieren, denen dämmert, dass im Business der Zukunft weniger mit harten Fakten und nackten Zahlen als vielmehr mit ›weichen‹ Werten zu rechnen sein wird.«
Süddeutsche Zeitung

05/1398/01/L

## Uwe Böschemeyer

### *Das Leben meint uns*

*111 Ermutigungen für Paare.*
*166 Seiten. Serie Piper*

Der Streit ums Geld, ein kleiner Konflikt beim Autofahren, der vergessene Geburtstag, die unfreundliche Bemerkung am Morgen – oft beginnt damit die Krise in einer Beziehung. Doch, so der erfahrene Psychotherapeut Uwe Böschemeyer, fast jede Krise ist auch eine Chance. Wenn Paare nach den Zielen eines gemeinsamen Lebens fragen, ist ein Neubeginn möglich. In nachdenklichen Texten, Fallgeschichten und kleinen, sofort einleuchtenden Alltagsszenen zeigt der Autor die Probleme und Ziele einer Beziehung. 111 Ermutigungen für Paare.

»Auf der nach oben offenen Qualitätsskala der Beratungsbücher belegt das Buch einen Spitzenplatz.«
www.wissen.de

05/1407/01/R

SERIE PIPER

## Irma Hildebrandt

### *Immer gegen den Wind*

*18 Hamburger Frauenporträts. 304 Seiten mit 18 Abbildungen. Serie Piper*

Die Publizistin Marion Gräfin Dönhoff, die Volksschauspielerin Heidi Kabel, die Modeschöpferin Jil Sander – Hamburg hat viele berühmte und erfolgreiche Frauen vorzuweisen. In der Hansestadt wurde 1850 die erste deutsche Frauenhochschule gegründet, und hier kämpfte die Pionierin Lida Gustava Heymann für Mädchenbildung und Frauenwahlrecht. Kompetent und einfühlsam porträtiert Irma Hildebrandt achtzehn bedeutende Hamburgerinnen: von der erfolgreichen jüdischen Geschäftsfrau Glükkel von Hameln bis hin zu Maria Jepsen, der ersten lutherischen Bischöfin der Welt. Zugleich zeichnet sie damit ein wichtiges Stück Frauen- und Zeitgeschichte.

»Das Buch von Irma Hildebrandt, sensibel formuliert, ist aufgrund des Dargestellten und der Detailfreudigkeit eine lesenswerte Lektüre voller Feingeist.«
Vlothoer Anzeiger

05/1926/01/L

## Ryszard Kapuściński

### *Die Welt im Notizbuch*

*Aus dem Polnischen von Martin Pollack. 336 Seiten. Serie Piper*

Kaum ein Mensch hat so viel von der Welt gesehen wie Ryszard Kapuściński, einer der bedeutendsten Journalisten der Gegenwart. In »Die Welt im Notizbuch« beobachtet er globale Entwicklungen wie mikroskopische Details, stellt sie nebeneinander, verbindet oder reflektiert sie, bezieht sie in verblüffender Weise aufeinander. Aus Gedankensplittern, Reportagen, Fragmenten und Essays vieler Jahre formt sich eine Welt, die wir zu kennen meinten, die wir so aber noch nie gesehen haben.

»Manchmal ist Ryszard Kapuściński mehr als ein Reporter, sicher kein Soziologe, aber ein erzählender, reisender, phantasierender Geschichtsdenker.«
Frankfurter Allgemeine Zeitung

05/1420/01/R